为祖国深潜

王艳明　温大壮◎著

——“共和国勋章”获得者

黄旭华

长江出版传媒
湖北科学技术出版社

图书在版编目（CIP）数据

为祖国深潜：“共和国勋章”获得者黄旭华 / 王艳明，温大壮著. —武汉：湖北科学技术出版社，2025.1（2025.6 重印）
ISBN 978-7-5706-0793-8

Ⅰ. ①为… Ⅱ. ①王… ②温… Ⅲ. ①黄旭华—生平事迹 Ⅳ. ① K826.16

中国版本图书馆 CIP 数据核字（2019）第 239607 号

出 品 人：邓　涛　　美术编辑：喻　杨
策　　划：罗　萍　　责任校对：陈横宇
责任编辑：李子皓　王　璐　　责任印制：胡　博

出版发行：湖北科学技术出版社
地　　址：武汉市雄楚大街 268 号（湖北出版文化城 B 座 13—14 层）
电　　话：027-87679468　　邮　　编：430070

印　　刷：武汉市华康印务有限责任公司　　邮　　编：430021

---

710 毫米 ×1000 毫米　1/16　15 印张　160 千字
2025 年 1 月第 1 版　2025 年 6 月第 6 次印刷
定　　价：88.00 元

（本书如有印装问题，可找本社市场部更换）

黄旭华语录

家 国 情 怀

教育是立国之本，兴国之基。

热爱祖国，热爱科学，振兴中华，图强奋飞！

自古忠孝不能两全，对祖国的忠就是对父母的孝。

只有把个人的抱负和祖国的需要紧紧相连，才能实现真正的人生价值。

自古忠孝不能两全，没有国哪有家，没有家哪有孝。

科学技术是没有国界的，但是科技工作者是有祖国的，我们要有民族精神、民族意识。

我们的国家需要强大，在爱国思想的激励下，在坚定信仰的指引下，我愿意为党的事业奋斗。

祖国需要我冲锋陷阵的时候，我就一次流光自己的血；当祖国需要我一滴一滴地流血的时候，我就一滴一滴地流！

科学研究

看准方向，坚持到底。

面对现实，无所畏惧。

尊重科学，服从真理。

献身科学，追求的不是钱和权，而是真理。

自力更生，艰苦奋斗，大力协同，无私奉献。

自主创新是我们攀登世界科技高峰的必由之路。

在事业上，永不满足，寸步必争，不达目的，誓不罢休。

科学是没有止境的。只有敢于探索敢于创新，才能成果迭出，常创常新。

工作是严格按照科学程序来做的，就应该相信自己的结论，不能盲目跟着别人做。

所有的尖端都是在常规基础之上形成的，把常规综合成一个新的东西，也就是尖端。

科学技术的发展对人类是祸是福，不在于技术本身，而在于人们怎样掌握，在于人的思想境界。

我们用放大镜去找，找出它的疑点；再用显微镜扩大，晓得它的内容；再用自己的知识，用“照妖镜”鉴别真假。

促进产业升级，科研和产业发展不可分割，但是应该各有各的独立性，两者的结合应该建立在独立的基础之上，而且不能去复制某个模式。

寄语青年

人品要好，学习要专，爱好要广。

与世无争，知足常乐，与人为善，助人为乐。

学有所悟、学有所获、学有所成！

深入学习贯彻习近平总书记系列重要讲话精神，努力培养青年学生成长成才。

第一要有坚定的信念，第二要有奋斗的目标，第三要有过硬的本领和高尚的德行。

要树立远大理想，珍惜美好青春，拼搏进取，增长才干，将来为祖国的繁荣富强做出自己的贡献。

祖国的希望就在你们身上了，应该从小就培养吃苦耐劳、坚忍不拔的精神，为将来的工作做好准备。

在学校，首先要把知识学好，理论基础要扎实，知识面要广，现代科学技术是交叉发展的，就像核潜艇，涉及化学、化工、电子等多项专业，大家学习知识一定要注意多元融合。

要树立敢于创造的雄心壮志，自觉肩负起光荣历史使命，勇攀科技高峰，加快实现高水平科技自立自强，为铸就“国之重器”再创辉煌、再立新功。

目录

★高光时刻

镜头一：2013年度感动中国的老人

2014年2月10日20时，中央电视台综合频道面向全国直播“感动中国2013年度人物”颁奖盛典。现场既庄严肃穆，又热情洋溢。在宣布颁奖盛典开始后，著名主持人敬一丹说：

> 我们先来认识这样一个人，他的名字很少被人提起。他在忙碌，忙了那么多年家人都不知道他在忙什么。他的名字就那样久久地、默默地隐藏在大海深处。

演播大厅内的巨幅屏幕上开始播放一段核潜艇研制过程及一位白发苍苍、精神矍铄的老人接受中央电视台专访的视频。

接着，视频中接受采访的那位老人走上颁奖台，全场响起了热烈的掌声。《感动中国》推选委员、著名词作家阎肃如是评价这位获奖者：

试问大海碧波何谓以身许国？
青丝化作白发，依旧铁马冰河。
磊落平生无限爱，尽付无言高歌。

黄旭华所获奖杯

敬一丹宣读了中央电视台对这位老人的颁奖词：

时代到处是惊涛骇浪，你埋下头，甘心做沉默的砥柱；一穷二白的年代，你挺起胸，成为国家最大的财富。你的人生，正如深海中的潜艇，无声，但有无穷的力量。

这位矍铄的老人接过中央电视台“感动中国 2013 年度人物”的奖杯及鲜花后，用稍带颤抖的声音感言道：

现在在我子孙面前，我很自豪、很骄傲！因为我这一生没有虚度。

此生属于祖国，属于核潜艇，我无怨无悔。

黄旭华举起“感动中国 2013 年度人物”奖杯

在著名主持人白岩松询问这位老人今天的梦是什么时，这位老人毫不犹豫地回答：

还是核潜艇，还是希望核潜艇更上一层楼。

不忘初心，方得始终！

毕生矢志不渝，情定核潜艇，梦系核潜艇！

这位老人，就是享有“中国核潜艇之父”美誉的黄旭华。

此后，黄旭华的名字在长城内外传颂，他的感人事迹亦不胫而走。

镜头二：习近平总书记力邀同坐并合影的老人

2017年11月17日上午，中共中央总书记、国家主席、中央军委主席习近平同志在人民大会堂亲切会见参加全国精神文明建设表彰大会的代表，并与他们合影留念。

习近平总书记步入会场后与前排代表一一亲切握手，然后回到前排中间位置，准备与全体获奖代表合影留念。当看到一位满头银发的道德模范代表站在第二排时，他一边握住老人的手，一边拿开椅子，邀请老人上前坐到自己身旁。老人虽然一再推辞，但习总书记的邀请盛情难却，只好上前在习总书记的身边坐下并亲切合影。

当天，这段视频传遍大江南北……

老人的亲友、同事在电视上目睹这暖心一幕后，争相转发，一时间，这段视频刷爆了朋友圈。这位老人，就是当选第六届全国道德模范的黄旭华院士。

黄旭华出席第六届全国道德模范授奖仪式并领奖

镜头三：荣膺“共和国勋章”的老人

2019年9月29日，中华人民共和国国家勋章和国家荣誉称号颁授仪式在北京人民大会堂金色大厅隆重举行。9时58分，伴着欢快的乐曲，中共中央总书记、国家主席、中央军委主席习近平同国家勋章和国家荣誉称号获得者一同步入会场。

10时整，颁授仪式开始。在雄壮激昂的《向祖国致敬》乐曲声中，习近平总书记为国家勋章和国家荣誉称号获得者一一颁授奖章，并同他们亲切握手、表示祝贺，全场响起一阵阵热烈的掌声。少先队员们向这些功勋模范人物献上美丽的鲜花，敬礼致意。

黄旭华获得“共和国勋章”发表感言

仪式上，一位老人作为国家勋章的获得者代表发言（节选）：

> 核潜艇的研制，是一项伟大而艰巨的事业。当年，为了响应毛主席的号召，千千万万名和我一样满腔热血、矢志报国的科研人员，坚定着核潜艇“一万年也要搞出来”的信心和决心投身其中。我有幸全程参与了中国核潜艇从无到有、从弱到强的伟大事业。核潜艇事业是国防事业发展的缩影。我

为祖国取得历史性的成就，实现了历史性的改革而骄傲，也为自己是一名国防建设的老兵而自豪。

誓干惊天动地事，甘做隐姓埋名人。我和我的同事们，此生属于祖国，此生无怨无悔。

进入新时代，我们将始终牢记党和人民的重托，紧密团结在以习近平同志为核心的党中央周围，忠诚担当、砥砺前行，为实现“两个一百年”奋斗目标、实现中华民族伟大复兴的中国梦继续努力奋斗！

这位终身报国不言悔的老人，正是“共和国勋章”获得者——黄旭华。

镜头四：获得国家最高科学技术奖的科技工作者

2020 年 1 月 10 日上午，北京人民大会堂灯光璀璨，气氛热烈，2019 年度国家科学技术奖励大会在此隆重举行，习近平、李克强、王沪宁、韩正等党和国家领导人出席大会。

10 时 30 分，在雄壮的国歌声中，颁奖大会拉开序幕。中共中央总书记、国家主席、中央军委主席习近平首先向获得 2019 年度国家最高科学技术奖的两位科学家颁奖。他们一位是中国船舶重工集团公司第七一九研究所黄旭华院士，另一位是中国科学院大气物理研究所曾庆存院士。在颁发完奖章、证书后，习近平总书记同两位院士热情握手表示祝贺，并邀请他们到主席台就座。

黄旭华与曾庆存院士同获 2019 年度国家最高科学技术奖

随后，习近平等党和国家领导人与两位获奖院士一起，向国家自然科学奖、国家技术发明奖、国家科学技术进步奖三大奖及中华人民共和国国际科学技术合作奖的获奖代表颁发证书。

以下是颁奖大会写给黄旭华院士的颁奖词：

1926年生于广东汕尾。他远离家乡、荒岛求索，从此深藏功名三十载，从一穷二白中“头拱地、脚朝天”，研制出了我国第一代核潜艇。他先后担任我国核潜艇工程副总设计师、总设计师，主持了第一代核潜艇的研制。他一生致力于我国核潜艇事业的开拓与发展，为我国核潜艇的从无到有、跨越发展探索赶超做出了卓越的贡献。

他用自己的人生经历诠释了核潜艇精神，感召着一代又一代的年轻人献身国防科技事业。

镜头五：倾囊捐赠，设立科技创新奖励基金的科学家

2021 年 10 月 28 日，在中国船舶重工集团公司第七一九研究所某基地，97 岁高龄的黄旭华在家人的陪伴下出现在布置简约但温馨的会议大厅，出席以他名字命名的“黄旭华科技创新奖励基金”捐赠仪式。在仪式上，黄旭华院士简要回顾了一辈子心系核潜艇的历程与梦想，慷慨地向 719 所捐赠 1100 万元作为奖励基金，持续奖励为核潜艇设计研制做出重要创新性贡献的科技人员，以激励更多优秀人才投身国防装备研制事业的创新发展，让“核潜艇之梦”能够持续传承，让祖国的海防能够越来越强大。

黄旭华捐赠 1100 万元设立科技创新奖励基金

此外，他还向中国造船工程学会捐赠 200 万元，支持该学会组织开展相关的科学研究工作。为关心和照顾所里的退休老职工，他向 719 社区捐赠累计近百万元，用于关怀与慰问有困难的老职工。

黄旭华几乎将所有获得的奖金捐赠出来，用于对各项科学研究及人才培养的奖励和激励。他说："这些奖励是国家和人民给予我的鼓励，我有义务和责任将其回馈社会，以激励更多的人才为国家做出更大的贡献。"

★第一章
父仁母爱　聪明好学
艰辛求索为梦想

重返母校　感恩致辞

杏林之家　父仁母爱

黄旭华，祖籍广东省揭阳县（现揭阳市）玉湖镇新寮村，家谱名录上叫黄绍强，1924 年 2 月 24 日（官方时间是 1926 年 3 月 12 日）出生在广东省海丰县田墘镇，现广东省汕尾市红海湾经济开发区田墘街道。黄旭华在九个兄弟姊妹中排

黄旭华祖籍广东揭阳玉湖镇新寮村鸟瞰

黄旭华出生时的旧宅所在地

行老三。大哥黄绍忠很早就接受了进步思潮的洗礼，他不仅对黄旭华革命思想的萌芽及理想志趣的形成产生了很大影响，还引领弟弟妹妹们纷纷走上了革命道路；二哥黄绍振与黄旭华的感情最好，从小一起玩耍，还带着黄旭华一起上学，始终关心与保护着幼年的黄旭华；大妹黄秀春（老四）、大弟黄绍富（老五）、小妹黄秀阳（老六）相继从事过医务工作，也算继承了父母行医济世的衣钵；二弟黄绍荣（老七）参加了人民解放军，后在武汉复员至湖北省侨办，与黄旭华同城相伴；三弟黄绍赞（老八）与四弟黄绍美（老九）是孪生兄弟，先后调往肇庆工作，并将母亲曾慎其接至肇庆颐养天年。

黄旭华为家乡汕尾市红海湾经济开发区题词

黄旭华的父亲黄树榖，别号育黎，清光绪十九年（1893年）农历十月初一生于广东省揭阳县新寮村。黄旭华的祖父黄华昌是清末的武秀才，父亲黄树榖自幼跟随祖父习武学医。黄旭华的母亲曾慎其，祖籍揭西县五经富镇，生于1893年重阳节，虽然家境贫寒，但得益于其父母的开明，小时候受到了良好的教育。黄树榖、曾慎其两人中学

黄旭华（后排左三）九兄弟姊妹与父母的合影

毕业后即遵父命完婚，并在曾慎其父亲（揭西一带的名医）的安排下进入汕头教会所办的福音医院，跟随英国医生研习西医。

在福音医院，黄树穀专修内科，而曾慎其则在妇产科学习，成为一名优秀的助产士。1919年，待医术渐成，夫妻俩离开汕头福音医院，移居汕尾，开始从事医疗服务。1920年，黄树穀夫妇在海丰县捷胜镇开办“黄育黎医务所”，独立行医。1921年，又将医务所迁至田墘镇，并增开“育黎药房”，兼营药材、药品生意。黄树穀夫妇因医术高明且仁慈博爱，在田墘镇声望渐立，于是，他们就此置地建房定居了下来。

黄树穀中年时照片

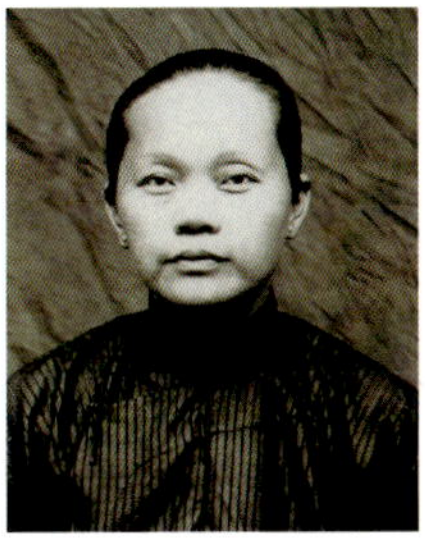
曾慎其中年时照片

黄树穀夫妇开诊所、办药房，常年辛勤坚守，也薄积家资。为了养活一家人，夫妻俩还置办了几亩薄地，用来种植花生和番薯等农作物。番薯是他们一家人当时的主要口粮，黄旭华也因此笑称自己是吃番薯长大的。

中华人民共和国成立后，黄树穀夫妇积极响应当地政府的号召，主动将自家的诊所和药房并入联合诊所及当地的卫生院。1945年，黄旭华在投考和就读交通大学时，学生登记表中填写的通信地址不是街道门牌，而是“广东海丰田墘育黎药房”，可见育黎药房在当地已成为享有一定声誉的地理标志。

黄树榖夫妇不仅医术高明、医者仁心，而且乐善好施、赤诚爱国，在田墘一带享有崇高的名望。如今的汕尾市，仍传颂并记录着黄树榖先生、曾慎其女士诸多仁义之举。

或许是黄树榖幼时随其父黄华昌习武的缘故，他继承了刚毅勇敢、居安思危、爱家爱国的客家传统。20 世纪 20 年代后期，海丰田墘一带一度霍乱流行，感染者甚众，民众恐慌不已。黄树榖毅然筹资从香港、澳门两地紧急购进预防和治疗霍乱的药品，免费给田墘当地人注射，阻止了瘟疫在更大范围肆虐，夫妻俩也因此获得了当地民众的感激与尊敬。

黄旭华祖父黄华昌

黄树榖先生胸怀宽广、远见卓识，他认为要从根本上改变人的命运，让地方兴旺、让民族富强，就必须从教育抓起。故此，他身体力行，抽取行医经商的大部分盈余兴资办学、泽被乡里。黄树榖捐赠的树基小学，是抗战胜利后海丰田墘一带仅有的一所学校，但是只是初级小学，远远不能满足众多孩子的教育问题。于是黄树榖积极奔走，邀约说服当地多位开明人士，集资在田墘镇创办了白沙中学。同时，为了保证学校的师资和教学质量，黄树榖多次前往香港邀请林悠如先生出任校长。林先生起初坚辞不受，但终为黄树榖的真诚所感动，出任海丰田墘白沙中学校长。黄树榖也因为出资份额较大、付出的劳动最多，而被推选为学校董事长。黄树榖先生逝世于 1961 年 12 月 14 日，享年 68 岁。遗憾的是，他在弥留之际仍然没能见到他的三儿子黄旭华。

曾慎其女士是一名有着传统美德的女子，不仅心地善良、任劳任怨，还医德高尚、乐善好施。她嫁给黄树穀后，日常便是在育黎药房坐诊，但若有人来请她去接生，她二话不说，即刻动身。无论何时、何种情况，她一次又一次地护佑着新生命的到来，而且从不计较接生费的多寡，向来是人家给多少拿多少。对于困难的家庭，她只象征性地收取一点费用，遇到拿不出接生费的贫苦人家，她甚至会宽慰道："不要钱，等孩子长大了，叫我一声义母（干娘）就行。"因此，在海丰一带，她有着数不清的各个年龄段的干儿子、干女儿。

曾慎其作为一名母亲，对自己的孩子自然是倾注了无尽的爱，九个子女的衣食住行，以及上学读书、成家立业，她都勉力操持，一丝不苟，细致入微。

最能体现曾慎其胸怀和伟大的是在对待三儿子黄旭华的事情上。黄旭华因参与核潜艇的研制，工作被要求高度保密，故此在 1957 年之后的 30 年都没有回家，即便是父亲与二哥去世，他也没能回家看一眼。家中其他兄弟姊妹免不了有些怨言，认为黄旭华只在乎自己的小家而不在乎父兄弟妹情谊，但曾慎其总是对黄旭华报以理解和宽容，她认为三儿子不回家必有缘故，而且坚信黄旭华一定是做着于国于民有意义的大事。

1986 年 1 月，黄旭华出差至深圳大亚湾核电站，经上级领导批准前往广东肇庆，看望阔别 30 年的母亲曾慎其，以及在肇庆的弟妹们。可是这次见面的气氛十分尴尬，此时黄旭华的工作还在保密中，任何可能涉及工作的信息都不能提及，就连与亲人叙家常也是小心谨慎，对于家里人的关心，他只能顾左右而言他。因此，家里人依然不清楚黄旭华的工作是什么，他究竟在忙些什么。母亲曾慎其当时已经 90 多岁了，没有怨言，依然好吃好喝地招待着儿子，黄旭华不说的她就不问，并且时常劝阻子孙们问这问那。黄旭华在家仅仅待了三天就走了。

1988 年初，曾慎其收到了一本三儿子黄旭华寄回的 1987 年第 6 期《文汇月刊》。她仔细地翻看，发现其中一篇报告文学《赫赫而无名的人生》中提到一位必须隐去名字和影像的导弹核潜艇总设计师，曾慎其隐约想到这就是三儿子黄旭华，尤其读到“他的贤内助李世英”时，她确信无疑，因为三儿媳的姓名她是记得清清楚楚的。

·祖慰·

赫赫而无名的人生

刊载于 1987 年第 6 期《文汇月刊》的报告文学《赫赫而无名的人生》

也直到此时，曾慎其才终于知道自己的三儿子这几十年来做的什么事情。她的判断没有错，三儿子做的是保家卫国的大事。她一遍又一遍地阅读着那篇文章，默默地流着眼泪，然后把一家人召集在一起，告诉在家的儿子女儿们：“三哥的事，大家要理解，要谅解！”

1995 年初，曾慎其不慎摔了一跤，由于年事已高，这以后她便没能再站起来。3 月 21 日，曾慎其弥留之时依稀感觉有人来到她的身边，顿感亲切，努力想睁开眼睛，可是怎么都无法睁开，于是闭着眼问："是谁来了呀？"

黄旭华含着泪说："我，绍强，回来看您了。"

此刻，母亲曾慎其心潮澎湃，拼着最后一丝力气睁开眼睛看着多年不见的黄旭华说："我没有要人告诉你，我知道你忙……"还没说完泪水就流了下来。

曾慎其让女儿帮自己戴上老花镜，想好好看看阔别多年的儿子黄旭华。她慈祥地端详着黄旭华，莞尔一笑，轻轻地说了句："哎呀，绍强你长肥了。"然后，慢慢地闭上眼睛，面带微笑，与世长辞，享年 102 岁。

母亲过世后，黄旭华在遗物里选择了一条黑底暗红条的围巾留作纪念。此后，这条围巾一直跟随着黄旭华。每当系着、抚摸着这条围巾时，黄旭华似乎总能感受到母亲的温暖……

黄旭华戴着母亲的围巾上班

艰辛求学 追逐梦想

梦想的追逐往往是从读书开始的。也许是因为生于一个特殊的年代，黄旭华的求学之路可谓历经艰辛，辗转跌宕，极富传奇色彩。他，于时空腾挪中劳筋骨、饿体肤，完成身心的洗礼；他，于社会剧变中思国耻、明大道，实现梦想的蜕变。

黄旭华的读书求学历程，无法用今天的常理去解释或者用学制去准确对应，在特殊的时期、特殊的变故中，有其自身的合理性。这一切形成了黄旭华与众不同的历史体悟与心路历程。

大约在黄旭华三岁的时候，黄树榖夫妇将二儿子绍振送进了树基小学读书。绍振知道父母平时忙于工作，也为了照顾幼小的黄旭华，提出每天带着三弟一起去学校。于是二哥去学校上学，黄旭华就跟着去伴读。二哥绍振很心疼父母既要打理诊所、药房，还要兼顾家里的米店生意，总想方设法替父母分忧解难，因此上课没有弟弟黄旭华那么专心，二哥经常背不下的课文，黄旭华总能流利地背诵出来。二哥为此没有少挨老师及父母的批评，甚至责罚。黄旭华在树基小学大约待到 1934 年，从伴读到自己正式读书，粗略算来至少读了六年书。

黄旭华二哥黄绍振晚年照片

民国时期有的地区小学教育分为初级小学、高级小学两个阶段，初级小学是 1~4 年级，高级小学则是 5~6 年级。当时广东地区的小学教学就是采用这种形式。

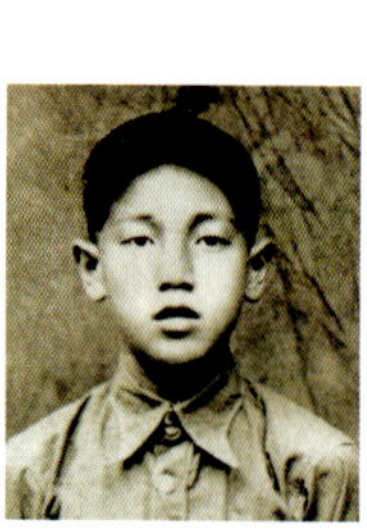
黄旭华着田墘镇小学校服照（摄于 1934 年）

1934 年夏天，十岁的黄旭华离开了树

基小学，秋季转入官办性质的田墘镇小学继续读初级小学。

黄旭华当时就读的田墘镇小学后来成为当地抗日武装的驻地，今天已经成为“红楼爱国主义教育基地”。黄旭华在田墘镇小学读初级小学时，二哥绍振就去汕尾作矶小学读高级小学了。

黄旭华就读的田墘镇小学旧址（现为广东省汕尾市红楼）

一年后，黄旭华初级小学毕业。由于田墘镇当时没有高级小学，要继续读书就得离开家乡去外地。1935 年秋天，黄旭华再一次与二哥绍振同行，到作矶小学报到。田墘镇离汕尾作矶小学比较远，兄弟俩不可能每天来回，故此同在学校住读。

作矶小学是由教会兴办的正规高级小学。学校只有一座两层楼的小房子，一层全部是教室，二层则是教师和学生的宿舍，学校的隔壁有一座教堂。高级小学只有两个年级，一个年级一个班，共三位教员，二十几个孩子。

黄旭华在汕头拜访小学老师苏剑鸣(左)先生(1993年11月)

大半个世纪过去了，黄旭华对于作矶小学的记忆，主要是关于苏剑鸣老师的，可见一位优秀的教师对学生的影响有多大。黄旭华与苏剑鸣老师对彼此的印象都非常深刻，感情十分深厚。黄旭华认为苏剑鸣老师是对自己影响最早且让自己终身受益的老师。

当时的三位教员中，苏剑鸣老师的课最多，除国语、算学、自然、英语四门课外，还兼带体育课。苏剑鸣老师不仅知识面宽，教学水平也比较高，而且幽默风趣，所讲授的每一门课都让黄旭华很感兴趣，自然听得也是津津有味，收获颇丰。尤其是苏剑鸣老师的国语课，让黄旭华开始领略中华传统文化的博大精深；苏老师讲授的算学、自然和英语，更是让黄旭华慢慢体会了大自然的奥妙与科学的魅力。

黄旭华重回母校作矶小学

1937年，黄旭华小学毕业。同年，7月7日，震惊中外的“卢沟桥事变”爆发，日本侵略者竟然冒天下之大不韪悍然进攻中国，全面抗战拉开了序幕，黄旭华由此开始了战乱中极其坎坷曲折的求学之旅。

8月末，由于与作矶小学对口升学的汕头聿怀中学被迫暂时停办，黄旭华只得辍学在家，等待入学通知。

与此同时，席卷全国的抗日浪潮也传播到潮汕一带。于是，黄旭华跟着大哥绍忠一起加入抗日宣传队，排练各种抗日主题的文艺节目，并在田墘一带流动演出，宣传抗日，鼓动人民群众积极加入抗日救国的队伍。

1938 年春节前夕，黄旭华和大哥绍忠终于等到了聿怀中学的复学通知。通知要求聿怀中学的新生和老生，于 1938 年春节后去搬迁至广东省揭西县五经富山区的聿怀中学报到学习。

1938 年正月初四拂晓，大哥绍忠带着弟弟黄旭华像古时出征一样出发了，兄弟俩徒步穿越海丰、陆丰、揭阳，历时四天长途跋涉到达了五经富，开始了在聿怀中学艰苦的读书生活。

在聿怀中学，大哥绍忠继续读高中，黄旭华念初一。不久之后，二哥绍振在父母的催促下也赶到聿怀中学报到。就这样，兄弟三人同在聿怀中学求学。

1938 年迁入揭西县五经富山区的聿怀中学

令黄旭华没有想到的是，这所创办于 1877 年、有着悠久办学历史且享誉广东省的聿怀中学在当时是如此的简陋。学校建在一个山坡的下面，说是一所学校，其实就是一座破旧的两层小楼，外加小楼附近搭建的若干茅草棚子。棚子虽是新搭建的，却四面透风，初中部学生的吃、住和上课都在棚子里，好在广东的冬季不像北方的冬季那么寒冷。黄旭华回忆道，当时令人最难熬的不是简陋的条件，而是他

们无法安心在茅草棚子里读书学习。

那时日本侵略者的飞机常来侦察飞行，看见怀疑的目标，或是一阵机枪扫射，或是丢下几颗炸弹，学校完全没有安全保障可言。每次一听到飞机的轰鸣声，上课的老师立马提起小黑板并招呼学生迅速钻进附近的甘蔗地，直到飞机远去。有时飞机往来过于频繁，为安全起见，老师就把学生转移到山洞里或者其他较为安全的地方上课。据黄旭华回忆，当时的读书学习就像打游击一样，师生们整日里提心吊胆，精神高度紧张。

还有一天晚上不知何故，茅草棚子突然失火，被惊醒的师生们不顾危险奋力扑救。火灭后的第二天，师生们把草棚收拾干净，继续上课。

由于时局动荡，加上山区运输困难，物资供应奇缺，大家的生活十分困苦。当时聿怀中学的师生一天三顿只能吃稀饭，而且是定量的，很难吃饱。勉强能称之为“菜”的蘸酱油条，也就是将油条切成片然后淋上酱油。那时的油水荤腥是奢侈品，学生们整日里都是饥肠辘辘的。

黄旭华所获的篮球赛奖章正反面

除吃饭之外，没有配套的生活卫生设施也是个问题，给师生们洗澡、洗衣、丢垃圾、上厕所造成很大的困扰。由于环境过于恶劣，有的学生实在无法坚持下去，退学情况时有发生。即使如此，聿怀中学的师生们依然勉力坚持着，教学及各项活动井然有序，体育活动都尽量设法维系。黄旭华当时就参加过篮球赛，所获奖牌如今就保存在聿怀中学的校史馆中。

这就是聿怀中学的精神与传统，乐观向上、自强不息，穷不堕其志、困不毁其规。

回忆过往，黄旭华认为当年在聿怀中学炼狱般的学习环境极大地磨炼了他的意志力，让他学会了面对逆境怎样变得坚强与达观。这也让他在后来的核潜艇研制过程中，不论遇到怎样的困难与窘迫，都能保持一种乐观的心态，潜心坚持，不怨天尤人。

如今的聿怀中学校门

1939 年，由于战事变幻莫测，聿怀中学基本处在不停地搬迁之中，一个地方还没适应，就要搬到另外一个地方，学校的管理也受到合并拆分的冲击，因此师资不稳，教学也时断时续。1940 年，大哥绍忠由于思想进步而受到校方训诫，故此决定经由梅县去广西求学。临行前，他对黄旭华说，鉴于聿怀中学的正常教学难以坚持，建议黄旭华也争取去广西桂林中学读书。

时间来到 1940 年，战事愈发紧张，聿怀中学的学习更加难以保障。仲夏，年仅 16 岁的黄旭华决定追随大哥去广西求学。出发前，鉴于当时中国竟然被弹丸之国折磨得难以求学，他决定将自己的名字“绍强”改为“旭华”，期冀祖国有朝一日像升腾的朝阳一样崛起，让广大学子能安心读书。

黄旭华（左）与大哥黄绍忠（右）

黄旭华记得大哥走时是先去的梅县，而且梅县当时尚未陷落，比较安全，他无暇多想，直奔梅县而去。7 月底，黄旭华好不容易到达梅县，却得知大哥已赶赴桂林的消息。黄旭华心里盘算，此去桂林路途遥远，无论如何也赶不上桂林中学的入学考试。于是，黄旭华立刻赶往梅县当时最好的中学梅州中学，却发现那里考期已过，退而求其次的东山中学也停止招生，所幸最后他顺利被广益中学录取。

1940 年 9 月，黄旭华进入广益中学高中部学习。与聿怀中学相比，广益中学的学习、生活条件要优越很多，教学也相对稳定。然而由于家乡沦陷，黄旭华与家里的联系彼时完全中断，他正面临着没有经济来源的困境。广益中学没有免费的学生宿舍，外地的学生都得自己租房住，没钱租房的黄旭华除了偶尔在同学那里借宿外，大部分日子只有在街头或者学校露宿。就这样，黄旭华居无定所，三天两头挨饿，不得不靠同学及其他好心人接济度日。

1941 年 6 月初，黄旭华再次濒临绝境。他身无分文，不想再找别人借钱，也实在无处可借，出去乞讨吧，又实在拉不下面子。他饥肠辘辘地躺在廉价的短期出租屋内，实在饿不过就起来喝点白水，整整饿了三天，饿得眼冒金星、身淌冷汗。

就在黄旭华担心自己要饿毙他乡的时候，焦急的父母及二哥终于千方百计地打听到了他的消息，立刻汇了钱过来。黄旭华收到家里的汇款后如枯木逢春，饱餐一顿后，他去照相馆拍了一张纪念照，便辞别广益中学，启程前往桂林。

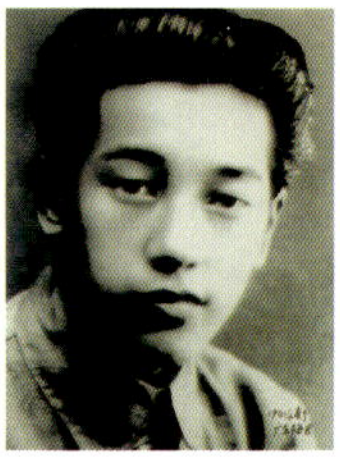

1941 年春黄旭华于梅县广益中学读书时留影

1941 年 6 月中旬，黄旭华到达韶关，得知大哥绍忠已顺利考进中山大学。当时中山大学已搬迁至广东省北部的乐昌市坪石镇。韶关距离乐昌很近，黄旭华不顾舟车劳顿，立刻风尘仆仆地从韶关赶到坪石，兄弟俩终于在那里重逢了。但是，大哥绍忠在中山大学待了一阵子后觉得所学专业不适合自己，决定退学去重庆，重新投考国立交通大学。

几天后，大哥办理了退学手续，带着黄旭华离开坪石，经过湘南，赶赴广西。经过一个多月的艰苦行程，兄弟俩于 1941 年 8 月初抵达桂林。大哥绍忠迅速将黄旭华安顿停当，即马不停蹄地赶赴重庆，继续追寻自己的梦想去了。

黄旭华到达桂林后，幸运地赶上并且顺利地通过了桂林中学的入学考试。1941 年 9 月初，黄旭华在桂林中学注册入学，编入高中第三十五班（理科）学习。

桂林中学历史悠久，其前身是横贯宋、元、明、清四朝的广西最高学府——“府学”，1905 年 9 月 23 日，广西巡抚张鸣岐遵照清政府废科举、推新学的倡议建立，定名“桂林府中学堂”，民国年间更名为“广西省立桂林中学”。

抗战时期，桂林凭借独特的地理、交通、政治条件，成了当时西南乃至全国的抗战重镇。大批爱国热血青年、文人志士来到桂林，一时间，桂林城中文化名流空前云集，很多文化及教育机构亦搬迁至此。桂林中学的办学条件也因此在当时首屈一指，师资强大、条件优渥、环境稳定，是一个求学求知的好地方。桂林中学的对面是颇为知名的三联书店，所卖的书籍中具有新思想的较多，黄旭华及同学经常去这家书店看书。

20 世纪 40 年代广西省立桂林中学

桂林中学当时是半军事化管理。学生全部集中住校，男生一律剃平头，女生留统一形式的短发，统一着蓝色军服样式的校服，平时要打绑腿、系腰带，按规范佩戴领章和胸章。领章上星星的颗数用以区别不同年级的学生，一颗星是初中生，两颗星是高中生，三颗星就代表的是大学生。桂林中学校内只能看见一颗星和两颗星的学生，胸章上则印有学生的名字。

黄旭华着桂林中学校服照

桂林中学的学生平时必须待在校内，星期天经请假批准方可外出。外出并不能随意，依然得“全副武装”，并在规定的时间内返校销假，否则视为违规。但凡有学生触犯纪律、违反校规，一律关在禁闭室。禁闭时间的长短依据错误的性质和程度确定。

学校的集体宿舍是大通铺，墙边摆有枪架。每位学生都配有一把木制的长枪，每天早上要背着它“全副武装”上操。被子要求叠成有棱有角的豆腐块形状，并摆成一条线。这些内务要求，就连周末也不能例外。星期天上午 9 点整，学生整理好内务，在床铺前立正站成一排，等候校长或者教官来检查，检查合格才可以请假，请假被批准了才能外出，不外出或者请假没有获批的学生，只能在校内自由活动。

黄旭华读书时桂林中学学生宿舍

在严格的军事化管理之下，加上诸多名师的悉心指导，同学间的相互支持与帮助，黄旭华在桂林中学收获颇丰，思想变得更敏锐了，眼界变得更开阔了，学识更是得到极大的丰富。

在桂林中学的日子，使黄旭华记忆深刻且终身受益的是数学老师许绍衡。许绍衡老师来桂林前曾在广州某大学任数学教授，也曾在广州著名的广雅中学担任数学教师。黄旭华回忆说，许绍衡老师的代数课讲得特别精彩，对问题的解析深入浅出、丝丝入扣、引人入胜。

上许绍衡老师的课，黄旭华不仅课前预习，课中一丝不苟做笔记，课后如有不清楚的问题还会向许绍衡老师请教，许老师也耐心地讲解作答。黄旭华非常珍视许绍衡老师的讲课内容，以至于后来在重庆教育部特设大学先修班学习期间，依据许老师的授课笔记，抽空整理出了一本《大代数讲义》手稿。这本《大代数讲义》手稿跟随黄旭华走遍了全国各地。虽然黄旭华一直想把它整理出版，却始终因为工作繁忙等原因未能如愿。

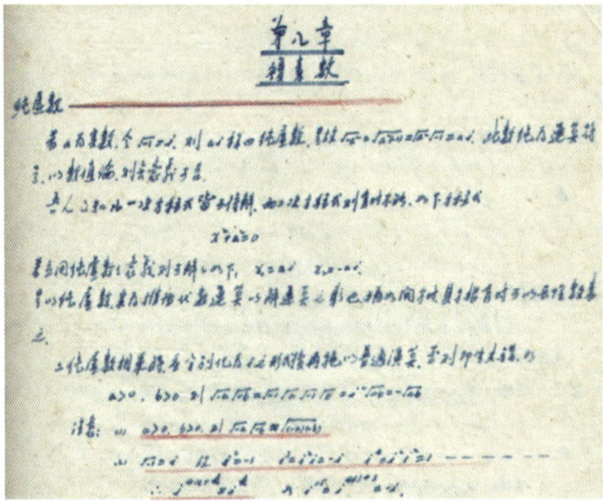
第八章

黄旭华整理出的《大代数讲义》手稿

得益于许绍衡老师的悉心指导，黄旭华的数学和物理成绩非常出色，这为他日后报考交通大学奠定了良好的理科知识基础。

黄旭华当时的英语教员是姑苏才女柳无垢，这可是一个大名鼎鼎的人物。柳无垢是著名诗人柳亚子的次女、宋庆龄的秘书、我国著名翻译家，出任过外交部政策委员会秘书长等政府要职。柳无垢由于社交广泛，总能在课堂上给同学们带来许多时政要闻及关于二战进程的消息，并分析二战及我国抗战的走向，让一众学子备感新鲜，觉得与整个世界的距离都拉近了。

柳无垢个性鲜明、光明磊落、秉持正义，敢于在课堂上针砭时弊、揭露国民政府的腐败。由于其欧美阅历丰富且知识深厚、见闻广博，她的教学理念与教学方法先进，深受年轻人的喜爱。柳老师的课堂信息量大、内容新颖，黄旭华听她的课总是如饥似渴、津津有味、意犹未尽。

此外，柳无垢老师不仅专业素养高，而且热忱善良、和蔼可亲。她专门为学生编写了《现代英语会话》，鼓励学生们上课时大胆用英语交流、积极互动。课余，她与学生平等融洽相处，畅谈一切愿意说的话题，并且乐意帮助学生，成为黄旭华及同学们心中最喜爱的老师之一。

25 岁柳无垢与幼子合影

1944 年 5 月，长沙战事失利，桂林失去了战略屏障，形势骤然变得紧张起来。那年，1944 届的高中毕业生照完毕业合影，拿到一张临时毕业证后，便被敦促尽快离校。

广西省立桂林中学高中第三十五班毕业照，第四排左七为黄旭华

1944年6月初，出于安全和升学的需要，想报考大学的同学基本选择前往重庆。大家坐火车自桂林到达柳州后，桂林紧急疏散的消息传来，此时的柳州也十分紧张，黄旭华等人取消了在柳州逗留的计划，继续赶往贵阳。

甫抵贵阳，获悉唐山交通大学正在此地招考报名。唐山交通大学是交通大学唐山工程学院的简称，乃今天西南交通大学的前身。该校当时搬迁至贵阳附近的平越办学，故此在贵阳组织入学考试。黄旭华和几个同学借此练了练手，考完后即决定继续赶往重庆。

一到重庆，黄旭华发现各大高校的招生考试都过了期，虽然此时得知自己被唐山交通大学录取了，但他也不可能再返回贵阳，只好去寻找大哥。所幸大哥也在此等候他，哥俩重逢后，大哥托老乡把黄旭华安排在炼油厂打工，让他来年再参加大学的入学考试。

也正在此时，大批青年学生错过了各大学招考而滞留重庆，一时成为一种严重的社会问题，引起了重庆地方及社会各界有识之士的关注，他们纷纷上书国民政府希望妥善解决这个问题。国民政府也顺应这个呼声，针对这些中学生专门成立了一个类似大学预科的学校，称之为特设大学先修班。学校选址于重庆附近的文化重镇江津县白沙镇（现江津区白沙镇），只要是高中毕业生，均可选择在此就读，为他们来年报考各高校提供一个学习与栖身之地。这个先修班

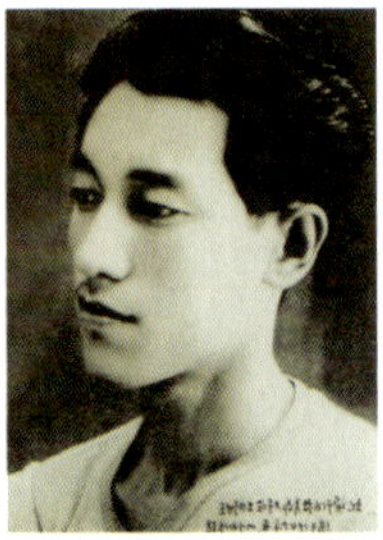

黄旭华在特设大学先修班读书登记照

完全是公益性质的，不仅不收学杂书本费，就连吃饭住宿都免费。黄旭华听到这个消息后，结束了打工生活，顺利进入了特设大学先修班学习。

特设大学先修班，每个班 50 人，所开设的课程与大学接轨，分为必修科目和选修科目。必修科目包括公民、体育军训、国文、英文、数学等，选修科目设置有历史、地理、生物、化学、物理等。特设大学先修班学制一年，毕业不发证书。

1945 年 7 月初，各大学的招生考试开始了，黄旭华历经坎坷与磨砺，此时已经坚定了走科学救国之路的决心。他对比当时国内各名校的特色后，决定投考国立交通大学的造船系。他认为，学习造船，既可建造国之重器，亦可刺激冶金、能源诸实业之兴盛。

考试结束后不久，黄旭华收到一份大学录取通知书，拆开一看竟然是国立中央大学航空系。后来才知道，特设大学先修班具有保送优秀学生的特权，黄旭华由于学习成绩优秀、思想

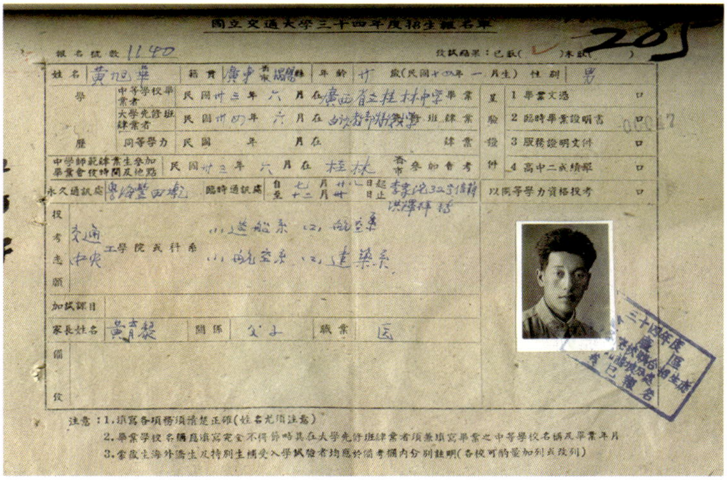

國立交通大學三十四年度招生報名單

報名號數 1140

姓名 黃旭華 籍貫 廣東 年齡 廿 歲 性別 男

學歷 中等學校畢業者 民國卅三年 六 月在 廣西省立桂林中學 畢業

大學先修班肄業者 民國卅四年 六 月在 班 肄業

同等學力 民國 年 月在 肄業

證件 1 畢業文憑 □

2 臨時畢業證明書 □

3 服務證明文件 □

4 高中二成績單 □

以同等學力資格投考 □

中學師範肄業生參加畢業會考時間及地點 民國卅三年 六 月在 桂林

永久通訊處 臨時通訊處

投考志願 交通 中央 工學院 科系 (1) 造船系 (2) 航空系 (1) 航空系 (2) 建築系

加試課目

家長姓名 黃 關係 父子 職業 医

備考

注意：1. 填寫各項務須清楚正確（姓名尤須注意）

2. 畢業學校名稱應填寫完全不得節略其在大學先修班肄業者須兼填寫畢業之中等學校名稱及畢業年月

3. 蒙藏生海外僑生及特別生請免入學試驗者均應於備考欄內分別註明（各校可酌量加列或改列）

1945 年，黄旭华报考国立交通大学的招生报名单

品德过硬，直接被特设大学先修班依据其志愿保送至国立中央大学。不过，黄旭华最期待的还是国立交通大学的录取结果。

由于当时考生的住所地址频繁变动而难以确定，大学邮寄的录取通知书并不能保证每一个考生都能收到，故此国立交通大学采取报纸刊登录取名单这种更加可靠的形式广而告之。1945 年 8 月 16 日的《中央日报》上，黄旭华在公告栏找到了自己的名字，造船系录取名单上的第一位。

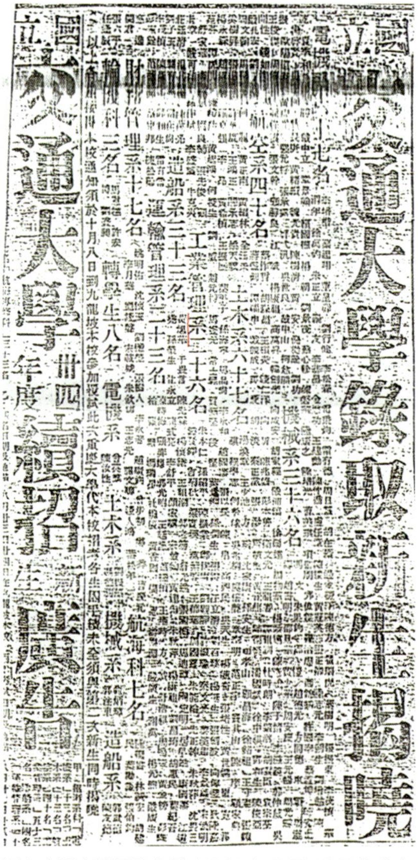
國立交通大學錄取新生揭曉

國立交通大學卅四年度續招新生揭曉

国立交通大学录取名单（1945 年 8 月 16 日的《中央日报》）

上海交通大学档案馆保存有 1945 年国立交通大学造船系录取名单，在该名单上，黄旭华也是排在第一位。至于名单的排列规则，是按照考试成绩抑或是报名顺序不得而知，但肯定不是按照姓氏笔画规则排列。

一个是国立中央大学，一个是国立交通大学；一个是学习航空，一个是学习造船。都是国内顶级名校，各有其深厚的专业底蕴，二者不可兼得，如何抉择？黄旭华并没有长时间地彷徨犹豫，他的心其实早就钟情于后者。

读国立交通大学造船系！黄旭华通过不懈的努力，终于奠定了自己实现梦想的根基。

峥嵘岁月　交大复员

抗战期间，国立交通大学弦歌不辍、薪火相传，校名数易、几度搬迁，但始终坚持办学。到抗战结束之前，国立交通大学主要有两个校区：一个是依然在敌后办学的上海校区，俗称“沪校”；另一个是在重庆九龙坡的重庆校区，俗称“渝校”。

1943 年 6 月，依据国民政府教育部指令，重庆商船专科学校并入国立交通大学，交通大学以此校师资和办学条件为基础创立造船系。造船系起初在江北溉澜溪，后通过土地置换迁入位于九龙坡的交通大学主校区。

国立交通大学九龙坡校区内朝气蓬勃的学生

1945 年 9 月初，黄旭华到交通大学九龙坡校区报到时，一部分校舍还是用竹子搭建起来的简易棚阁。校区虽简陋但已颇具规模，师生员工已近 2000 人。

1945 年 10 月，因抗战胜利，国立交通大学酝酿回迁上海。首先回迁的是行政部门的职工、教师，然后是高年级的学生，黄旭华等大一的新生则被安排在最后。

1946 年 4 月 8 日，最后一批师生抵达上海。自此，这一天成了交通大学的校庆日，也因为最后一批学生自"渝校"复员（从战时状态转入和平，返回原地，简称复员）而赋予了它又一层含义，成为交通大学整体复员日。

在黄旭华的这段记忆中，搬迁大约持续了半年，待全部迁回上海徐家汇且安定下来之后，他们的学习与生活才逐渐步入正轨。

黄旭华在交通大学学习的四年中分别住过三个地方，条件逐渐改善。大一和大二的学生住在"新中院"。黄旭华大一时住 106 宿舍，大二搬到 204 宿舍，这两间宿舍都是八人间。"新中院"在当时是新建的一幢两层楼房，是为了区别原有的"中院"而命名的，新、老"中院"建筑方位与样式相似，像四合院，呈四边形。1948 年 9 月，黄旭华上大三时搬到"上院"，住 319 宿舍，是四人间，条件比"新中院"略好。到了大四，黄旭华就搬进了"西斋"。"西斋"是 1930 年建成的宿舍楼，都是二人间，条件就更好了。当时黄旭华和厉良辅住一楼的 130 房间，隔壁 128 房间住的是穆汉祥。黄旭

黄旭华大一、大二时居住的"新中院"

黄旭华大四时居住的"西斋"

华所在的造船系属于工学院，上课和实习都在当时被叫作“工程院”的一幢楼房里。

黄旭华这届造船系录取的学生有 33 人，但最终报到注册入学的仅有 20 人。由于黄旭华在录取时位列造船系的第一，在注册表上，造船系学生的学号便是从他开始编制的。他在交通大学的学号是 2152，名册上他的名字下面备注了一个“造”字，表明自黄旭华起是造船系的。黄旭华前面的 2151 号杜方炯同学的名字下面备注了一个“机”字，表明他是机械系的。黄旭华后面的 2153 号是于畏言，父母赐名警示“人言可畏”，此人也是从重庆的特设大学先修班考取进校的，不过当时和黄旭华不在一个班。2154 号陈先霖仅在造船系读了一年，后申请转入机械系，中华人民共和国成立后一直在北京钢铁学院（现北京科技大学）任教，在冶金机械领域造

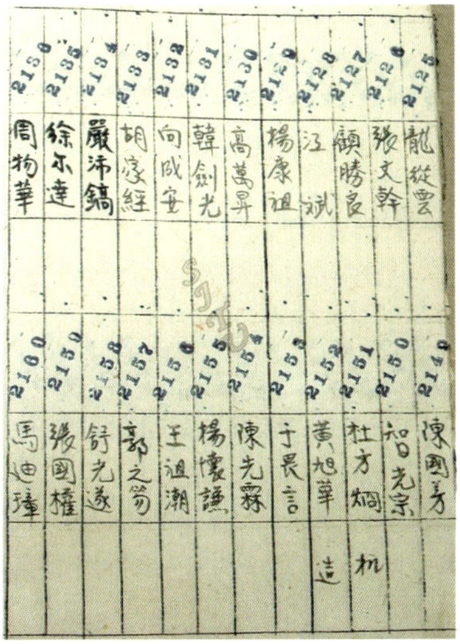

国立交通大学造船系学生注册簿（上海交通大学档案馆提供）

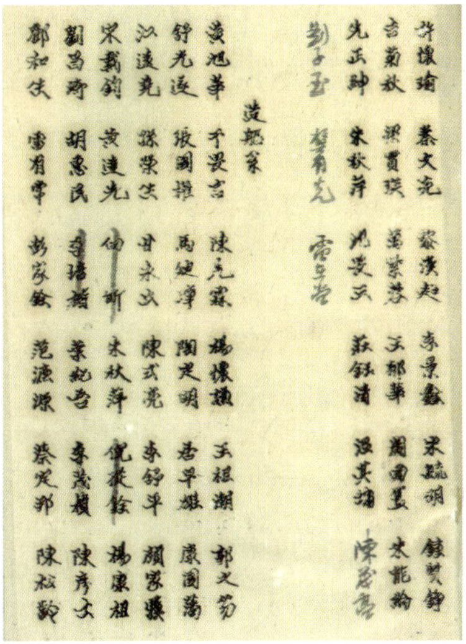

国立交通大学造船系 1945 年新生录取名单

诣颇深。1995 年，他当选中国工程院院士，和黄旭华同在机械与运载工程学部。

复员上海后的国立交通大学，教学方式与在“渝校”时大不相同。聘任的教师大部分是从欧美留学回来、具有博士学位的高学历人才，故而造船系的教学开始与国际接轨，教材直接引进英文原版，基本采用英语授课。之所以采用类似欧美的先进教学模式，目标是培养具有国际水准的专业人才。

此前，黄旭华对自己的英语能力还是有自信的，在同辈人中他所受的英语教育算是比较系统。但全部使用英语模式教学后，黄旭华才发现自己的英语能力有多么的不足。他没有逃避，迎难而上，通过一段时间的补习与适应，逐步跟上了学习节奏。到了大二，他就完全适应了这种学习方式，从而保证了专业课的学习质量，也让他具备了较强的阅读英文科技文献的能力。

《造船原理》是造船系的核心专业课程用书，黄旭华他们当时使用的教材是英文版的《造船原理》，有上、下两册。黄旭华说，这套教材非常经典，阐释的原理系统而科学，即使今天作为教材使用也没有问题。非常巧合的是，黄旭华在一机部（中华人民共和国第一机械工业部的简称）船舶工业管理局设计二处仿制苏联的常规潜艇时，资料室引进的一批俄文技术资料中有一套俄文版的《造船原理》，经过比对后发现，就是他大学

英文版《造船原理》

所用英文教材《造船原理》的俄文版。由此可见，他们当时所用的教材在造船技术上的先进性及权威性。

在交通大学读书学习期间，由于任课教师都是该领域的大师级人物，因此，黄旭华在专业上受到了很好的熏陶。

叶在馥，我国早期著名造船专家和宗师级人物，中国造船工程学会创始人之一，他亲手设计的船舶有500多艘，是川江轮设计的奠基人，尤以设计改进川江客货轮的船型结构著称。黄旭华介绍，叶在馥老师在给学生教授船舶建造方面的课程时，注重理论联系实际。他会将民生公司建造的各种类型船舶的设计图、建造图都拿到课堂上，生动具体地传授船舶设计、建造方面的知识和经验。

叶在馥

辛一心，造船学家和教育家，中国造船工程学会的创建者之一，当代中国船舶设计和科学研究机构的创始人，创建了中国第一座船模试验池，国立交通大学造船系的创始人之一，为中国造船和航运界培养了大批专业人才。辛一心是继叶在馥之后的造船系主任，他先后给黄旭华讲授过造船原理、船舶结构、流体力学、弹性力学等专业课程，足见其知识面之广博、专业功底之深厚。辛一心的课不仅逻辑性强，知识衔接性好，注重试验验证，而且他非常投入，激动时会手舞足蹈，说话铿锵有力，感染力极强。

辛一心

王公衡

杨槱院士

王公衡，造船学家和教育家，是中国造船工程学会和国立交通大学造船系创始人之一，中国船舶流体力学学科的先驱者。王公衡主要讲授船舶动力及推进方面的课程，也是理论与实践相结合的典范。

杨槱，毕业于英国格拉斯哥大学，是国立交通大学造船系仅有的原商船专科学校留任的教师，我国船舶行业第一位院士。杨槱是当时最年轻的专业课教员，给黄旭华讲课时年仅 30 岁，但他的阅历丰富，学术素养深厚，给予黄旭华极扎实的专业滋养。黄旭华回到母校上海交通大学时，常去看望杨槱老师。

黄旭华在交通大学系统地学习造船专业的基础课及专业课程，为今后的事业打下了扎实的专业基础。不过说到在交通大学读书时的成绩时，黄旭华自我评价是“一般”。他先后获得过交通大学奖学金、上海市统一奖学金以及上海市轮船业同业公会专项奖学金，这些获奖档案资料都保存在上海交通大学档案馆内。

抗战胜利后，黄旭华和家中父母的联系恢复正常，他于 1948 年暑假回到家乡看望了父母，这距离他离家求学整整十年。到上海读书期间，黄旭华常写信问候父母，并汇报自己的学习生活情况。家中的来信，以母亲的居多。母亲的信是用拉丁文写的，每一封信都极其用心，字迹工整而流畅，只是由于多次搬迁，这些信件早已遗失，黄旭华常常为没能保存下母亲的笔墨而感到遗憾与自责。

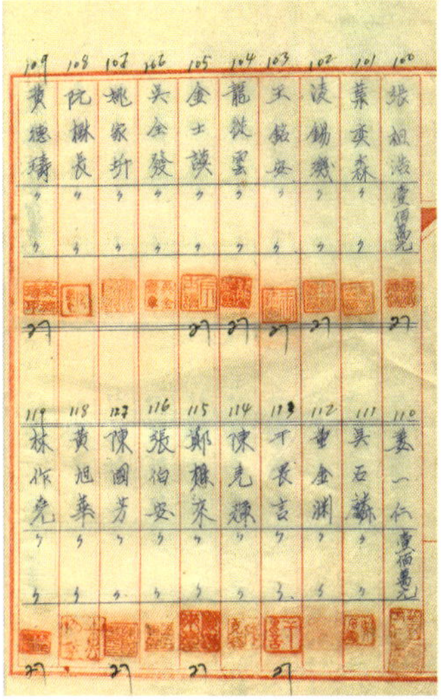

国立交通大学领受上海市轮船业同业公会奖学金学生名册

曾慎其 102 岁时，曾给黄旭华写过一封信，虽然笔迹已经歪歪斜斜，但那份母亲对孩子的关切之情，透过凌乱的笔画弥漫在字里行间。

热心学运　光荣入党

黄旭华在交通大学读书期间，最精彩的人生篇章是积极主动参与及领导各种进步学生社团、学生运动，并如愿加入中共地下党。

《民主堡垒——战斗在交通大学的中共地下党（1925~1949）》封面

1946 年，交通大学成立了一个重要的学生社团——“山茶社”。“山茶社”在交通大学的学生运动史上有着重要的地位，发挥过重要的作用，创立不久就成为中国共产党的外围组织。

上海交通大学党史校史研究室编著的《民主堡垒——战斗在交通大学的中共地下党（1925~1949）》一书，对“山茶社”成立后的工作状况有一段这样的描述：

> “山茶社”成立后，社员即到育才学校学习秧歌舞，回来后开展大家唱、大家跳活动。大家唱的歌曲不下三四十首。其内容有通过怀念显示意志和力量的，有通过揭露丑恶现实、向往美好未来的，有抗战歌曲、苏联歌曲等。“大家跳”主要是教跳秧歌舞和集体舞。“山茶社”的活动主要是通过歌舞、短剧、影子戏等形式在学生运动中进行宣传，并组织辅导学校文艺活动，团结学生。

“山茶社”成立后，由于其影响力越来越大，引起了中共重庆地下党的关注，他们通过各种途径引导“山茶社”的主要领导人积极开展活动。于锡堃、许健、陈明煌等发起人后来都加入了中国共产党。

“渝校”整体搬迁至上海时，“山茶社”一度解散，后来中共地下党组织通过关系动议于锡堃等人恢复了“山茶社”。

早在重庆时，黄旭华就结识了于锡堃。在两人自重庆到上海的漫长旅途中，于锡堃不断地给黄旭华讲述一些进步思想。到上海后，于锡堃又找到黄旭华，认为黄旭华的音乐及表演才能很适合“山茶社”。黄旭华也本着对文艺活动与生俱来的兴趣，不仅自己毫不犹豫地加入，还动员了土木系的厉良辅同学一起加入“山茶社”。

“山茶社”在中共地下党的指导与帮助下迅速发展，短期内就由最初的十余人发展成 50 多人。

“山茶社”平时以组织学生学习歌舞、编排并演出一些经典及进步话剧、教授乐器演奏等活动为主，但重要的工作是组织学生运动，配合中共地下党的工作。“山茶社”所组织和发起的学生运动主要有三项：“护校运动”“五四营火晚会”“上海解放运动”，黄旭华是这三项活动的主要参与者及组织者之一。在“山茶社”历练了两年后，黄旭华逐渐从一名普通的社员成长为举足轻重的骨干，并在中国共产党的影响和安排下成为后来“大江歌咏团”及“晨社”的主要领导人。

“山茶社”碑铭

“山茶社”排练舞蹈

抗战胜利后，国民党发动全面内战，经济危机日趋严重，教育事业也遭到严重破坏。1946 年秋，迫于内战的财政压力，国民政府教育部决定压缩交通大学的教育经费，要求交通大学停办航海和轮机两科，随后又不准设立此前已批准的水利、纺织、化工三个工程系，并拟将交通大学改名。1947

年春，国民政府教育部拨给交通大学的经费仅为学校实际需要的五分之一，学校各项工作立刻面临停摆的局面，校方与教育部多次交涉未果后，交通大学历史上最为声势浩大的学生运动——“护校运动”爆发了。

交通大学“护校运动”请愿火车

1947 年 5 月 13 日清晨 5 时左右，在交通大学地下党的组织策划与领导下，黄旭华和 2700 多名师生员工一起，乘坐 60 多辆卡车前往上海火车站，车队打着“交通大学进京请愿团”的横幅，准备乘火车去南京国民政府请愿。

为了阻止学生去南京，国民党上海市政府命令火车停开，并清空车站，调走火车司机和铁道工人。即使如此，上海市政府还是没能拦住请愿的队伍，反而使他们更加群情激愤。请愿学生高呼：“50 多岁的交大，今天发出怒吼，举起反抗的大旗为自由而奋斗。”在部分进步铁路工人的指引下，机械系的学生们找来机车和车厢，运用平日里实习学来的技能，有的当起司机，有的当起炉工、水工，在大家的共同努力下，火车稳稳地开动了。黄旭华隔壁宿舍的穆汉祥还写了一幅巨大的“交大万岁”的标语贴在火车头上。于是，由学生们自己驾驶的火车载着交通大学和前来支援的复旦大学、同济大学等高校的学生，声势浩大、轰轰烈烈地向国民政府所在地南京进发。

然而，火车刚刚驶出，国民党当局便命令拆除前方铁轨，迫使火车不得不停止运行。“没有铁轨，我们自己铺！”土木系的学生及黄旭华等“山茶社”社员们立即下车，有的扛枕木，有的敲道钉，把后面的铁轨拆下来装到前面的路基上。于是，火车就在这拆一段、装一段、开一段的过程中缓缓向前推进，其间还冲破了国民党军队的阻拦。

最终，国民政府被交通大学学生护校的气势、决心和勇气所震慑。上海市市长吴国桢、警备司令宣铁吾、教育部部长朱家骅、青年军司令蒋经国等赶赴现场，朱家骅代表国民政府同学生谈判。可在国民政府谈判小组抬着扩音器准备与校方及学生代表对话时，学生纠察队发现谈判现场的山坡附近埋伏了许多国民党青年军，学生代表强烈不满，提出必须先撤走军队再谈判，朱家骅只得让步，同意学生的要求。

经与校方协商，朱家骅代表国民政府做出书面答复：“同意交大校名不更改，航海、轮机两科不停办，增加学校经费……”得此答复，黄旭华及同学们才在热烈的欢呼声中返回学校，“护校运动”取得了胜利。

在“护校运动”中，黄旭华一方面和同学们一起不惧危险，积极参与斗争，另一方面和“山茶社”的社员们一起充分发挥自身的文艺特长，带

1947 年 5 月 13 日交通大学“护校运动”

领大家一起高唱《团结就是力量》等鼓舞人心的歌曲。

“护校运动”的胜利使黄旭华认识到，要取得斗争的胜利，首先是不能软弱，必须勇敢；其次要讲究方法，不能形单影只，必须要团结，要齐心协力，要发动群众，要争取支援。这些在斗争中取得的认识和心得，是黄旭华在今后的各项工作中，尤其是在核潜艇研制过程中克服困难、取得成功的思想基础。

黄旭华（前排右二）等排练后合影

“护校运动”之后，黄旭华又参与了另一次波澜壮阔的行动。

1948 年 5 月 3 日，在中共地下党的精心策划下，经过充分酝酿与筹备，上海各高校学生联合在交通大学体育馆举行纪念五四运动的大型文艺晚会，演出了以反帝、反封建为主题思想的《觉醒》《农作舞》等节目，矛头直指美帝国主义及其支持者国民政府。《觉醒》《农作舞》是“山茶社”演出的重点剧目，黄旭华以演员的身份参与了这两个剧目的排练与演出，演出效果非常好，极大地推动了晚会的气氛走向高潮。

中共地下党审时度势，决定趁热打铁，于 5 月 4 日晚，指导上海各大高校学生继续进行纪念五四运动的活动，举办主题为反对独裁统治、反对美国扶植日本军国主义势力的“五四营火晚会”，掀起“红五月”运动的高潮。

5月4日这天，交通大学校园焕然一新。从校门口到民主广场（大操场），是用大量学生运动历史图片布置的一条“从五四（1919年）到五四（1948年）的中国青年的道路”。这条路上用彩灯做成的大路标，依次标着“五四”“五卅”“九一八”“一二·九”“七七”“一二·一”“抗暴”“五二〇”“1948年五四”等学生运动事件的字样。最后一个巨大的箭头上写着“走向黎明”，指向了营火晚会的大门。大草坪中央高高矗立的“民主堡垒”非常醒目，是交通大学学生用竹篱笆扎制的，外面用彩纸蒙贴，呈现出炮楼的样式，正面悬挂着“民主堡垒”四个大字，顶部迎风飘扬着一面鲜艳的红旗。民主广场的主跑道旁还放置了一幅题有“为独立自由、民主富强的新中国奋斗”标语的画作，足有50平方米之巨，寓意着旧中国已灭亡、新中国在前进。在广场北侧的“中院”，还筹办了一个以反对美国扶植日本侵略势力复活为主题的展览会。

纪念五四运动晚会会场上搭建的“民主堡垒”

5月4日下午，许多外校的学生陆陆续续进入交通大学，到晚上估计有两万人。各大高校的学生成群结队在“民主堡垒”下欢歌、畅谈。夜深后，营火晚会在民主广场举行，一万多名学生围坐在营火周围唱歌、演讲。

学生们欢欣鼓舞，但营火晚会的组织者校学生会、学生纠察队及“山茶社”的社员们却比较紧张，丝毫不敢松懈。因为国民政府此时对上海各高校的学生运动已经高度关注、严格管控。鉴于当时的情况，为保证营火晚会顺利举行，学生纠察队在校门口设岗检查，还在学校围墙边巡逻。黄旭华一方面认真地参加演出，另一方面抽空参与保卫工作。

交通大学的“五四营火晚会”是上海解放前夕最成功的一次学生运动，在我国学生运动史上具有相当的地位与意义。“五四营火晚会”既给当时上海高校陷入低潮的学生运动提振了信心，又给国民政府一个巨大的打击。因此，此后针对交通大学学生运动积极分子的秘密监视逐渐增多，许多学生党员和学生运动积极分子遭到逮捕。

交通大学地下党组织分析当时的情况后，决定改变斗争策略。

1948 年 4 月，交通大学校园里出现了一个新的学生社团——“大江歌咏团”。“大江歌咏团”是以“山茶社”合唱团为班底成立的。

由于当时国民党当局对高校学生社团的管控非常严格，“大江歌咏团”必须得到交通大学的批准，社员加入必须填写“交通大学学生团体申请登记表”。好在“山茶社”过去没有严格的组织原则，管理相对比较松散，除几位核心人物外，其他普通成员并没有在“山茶社”有过登记，故此“山茶社”的社员大部分顺利在“大江歌咏团”登记注册。

如今在上海交通大学档案馆内，依然可以查到关于“大江歌咏团”的档案资料。其中一份是“大江歌咏团”正式成立后经确认登记的表格，记载了“大江歌咏团”全部85名成员的信息，办公地点写着“山茶社社址内”，这也客观证明了“大江歌咏团”与“山茶社”之间的关联。还有两份是“大江歌咏团”的纸质卡片和团员名单。卡片是“大江歌咏团”的证件，登记团员姓名和编号，黄旭华的编号为“508–1–258–（129–131）”。团员名单中，许健、黄旭华、魏瑚等人赫然在列。

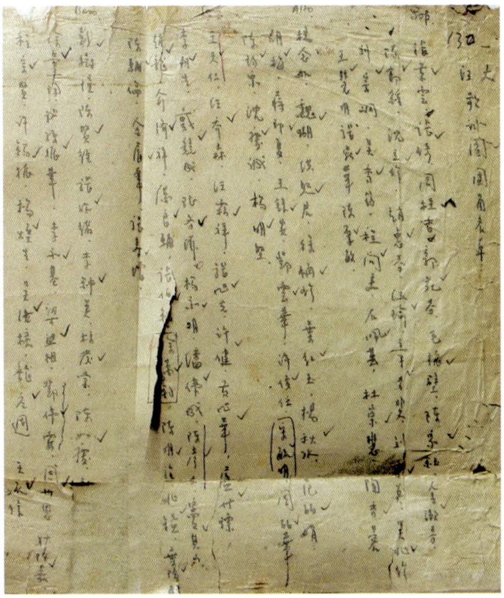

“大江歌咏团”团员名单

“大江歌咏团”成立后，鉴于黄旭华以前是“山茶社”的积极分子，又是“山茶社”合唱团的指挥与领唱，同时还是党组织的重点考察对象，政治上可靠，交通大学地下党组织认为黄旭华是“大江歌咏团”负责人的最理想人选。于是，黄旭华被选为“大江歌咏团”的主要负责人，带领大家继续以开展各种文艺活动为掩护，坚持进步宣传。

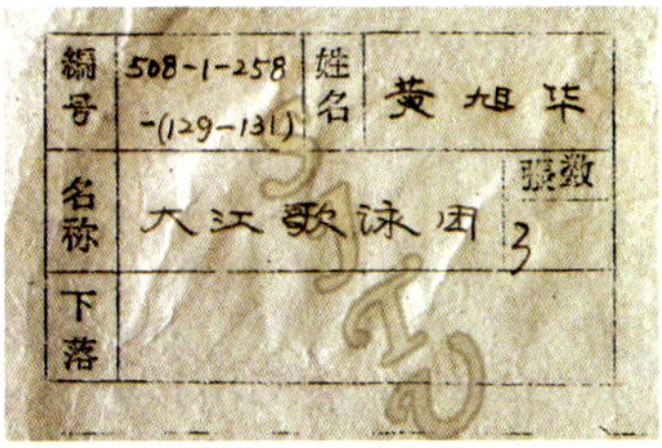

編号	508-1-258-(129-131)	姓名	黄旭华
名称	大江歌詠团	號數	3
下落			

黄旭华“大江歌咏团”登记表

在“山茶社”的掩护下，金蝉脱壳后的“大江歌咏团”在黄旭华等人的带领下积极活跃在交通大学及上海各大高校之间，继续传播革命思想与火种。1948年底，国民党当局还是嗅出了端倪。为了“山茶社”地下党员及“大江歌咏团”积极分子的安全，组织上迅速撤销“山茶社”，暂停“大江歌咏团”的进步宣传活动。

然而，党组织并没有停止斗争，只是决定与国民党当局展开游击战，发起成立“晨社”，寓意上海即将迎来解放。“山茶社”和“大江歌咏团”的成员自动转入“晨社”，以新的面貌继续斗争。

此时黄旭华担任“晨社”社长，带领同学们巧妙地进行斗争，并按照上海地下党组织的要求，重点保护好交通大学，并筹备迎接上海解放的部分工作。

当时从解放区流传过来一首很欢快悦耳的歌曲，叫《山那边哟好地方》，这首歌曲虽格调朴素但令人耳目一新。每次谈到这首歌，黄旭华都会抑制不住内心的激动，不由自主地清清嗓子哼唱起来。

山那边哟好地方，一片稻田黄又黄，大家唱歌来耕地哟，万担谷子堆满仓。大鲤鱼呀满池塘，织青布呀做衣裳，年年不会闹饥荒。山那边哟好地方，穷人富人都一样，你要吃饭得做工哟，没人给你当牛羊。老百姓呀管村庄，讲民主呀爱地方，大家快活喜洋洋。

黄旭华非常喜爱这首歌，在“山茶社”“大江歌咏团”“晨社”时，他都会给同学们教唱这首歌，由此一传十、十传百，交通大学校园的每一个角落都能听到《山那边哟好地方》的旋律，革命种子及对“山那边”的向往就这样在交通大学校园里萌发了。

经过多年的培养与考察，地下党组织终于向黄旭华正式伸出了橄榄枝。一天，铁道运输系的陈汝庆找到黄旭华，闲聊中将话题引入时政和国家前途的问题上，谈到中国共产党的政治主张时，黄旭华听得热血澎湃、羡慕不已。陈汝庆审时度势，发现时机已成熟，就顺势问黄旭华想不想加入中国共产党，黄旭华急切地说：“想啊！做梦都想！可共产党在哪里？”陈汝庆笑着回答说：“我就是共产党员。”

黄旭华明白陈汝庆所言非虚。陈汝庆也没再绕弯子，直接告诉黄旭华先写份入党申请书，把自己对共产党及其主张的了解及思想认识写一份详细的汇报，说明自己是否愿意加入中国共产党，申请书写好后直接交给他，接受党组织的考察。

1948年冬，深思熟虑之后，黄旭华认真地写好入党申请，通过陈汝庆正式向党组织递交了。此后，黄旭华心里变得更加踏实，愈加努力学习与工作。

坦然接受党组织的领导及考察的同时，黄旭华开始参加地下党组织针对入党积极分子的理论学习及思想教育。当时这些工作由许健主持与安排，黄旭华在这里见到了许多熟悉的面孔。黄旭华还记得当时他们学习过一些毛泽东同志的文章，对其中的《论联合政府》印象较深。

黄旭华的入党介绍人之一
魏瑚

1949年春节过后的一天，同为“山茶社”社员及“大江歌咏团”团员的魏瑚找到黄旭华，紧紧握住黄旭华的手说，党组织已经批准了他的入党申请，祝贺他正式成为中国共产党预备党员，并告诉他陈汝庆和她是他的入党介绍人。虽说黄旭华早就熟识魏瑚，也曾猜想过她就是地下党员，但直到此时才确切知道她的共产党员身份。

由于黄旭华的入党申请书、地下党组织批准其入党的文件均不见踪迹，相关当事人也无法确认具体的时间，故此他的入党时间只得依据黄旭华办理转正手续时的1950年4月20日，按倒推一年的时间惯例确定黄旭华加入党组织的时间为1949年4月20日，并确认其入党介绍人为陈汝庆和魏瑚。

智斗敌特　收获爱情

革命从来就不是一帆风顺的，流血牺牲是革命过程所必须付出的代价，投身革命的黄旭华同样经历、见证着这一切。

1948年底，全国解放的形势已不可逆转，但国民政府不甘心失败，开展了疯狂的反扑。在上海各高校，国民党特务对地下党员及进步学生开始了疯狂抓捕，黄旭华等地下党员及进步学生迎来了一场腥风血雨。

在多次协助厉良辅等地下党员及进步学生躲过国民党特

务的抓捕后，1949 年 4 月的某一天，黄旭华经由党组织得知自己也上了“黑名单”。为稳妥起见，党组织派魏瑚通知黄旭华赶紧撤退，并给他一枚银圆作为撤退的路费。但那两天国民党特务并没有去学校抓人，于是经组织同意后黄旭华返回了学校。

黄旭华在交通大学是半公费生，所以兼职家教补贴生活学习费用。约一周后的一个夜里，他正整装出门去给家教学生上课，突然一群国民党宪兵凶神恶煞地冲进宿舍楼，大声叫道：“不准动！动就开枪了！”黄旭华突然明白他们是来抓人的，还很有可能是抓自己，于是闪身进了洗脸间。没过多久，有位同学来洗脸间洗脸，发现了水槽下的黄旭华，立刻明白了怎么回事。这位同学也很精明，他告诉黄旭华这会儿二楼和三楼之间的宪兵正在换岗，中间有一个时间差，而且宪兵已经查过三楼了，应该暂时无人把守，建议黄旭华赶紧趁换岗的间歇躲到三楼去。

黄旭华半公费生记录

说来也巧，黄旭华匆忙躲进的三楼房间，是李钟英的宿舍。李钟英是比黄旭华低两届的交通大学学生，也是“山茶社”成员。据李钟英说，当晚抓捕时他有事没回来，等抓捕的国民党宪兵撤离后他返回了宿舍，进门后发现宿舍有人进来过，而且还有一只鞋子掉在他们宿舍中，第二天李钟英悄悄打听这件事，才知道这只鞋是黄旭华的。

当晚国民党宪兵撤离后，黄旭华不敢去寻找那只慌乱中不知掉到哪里的鞋子，不敢耽误时间，他迅速离开宿舍，趁着夜色离开了学校。也就这次经历，让黄旭华从一名象牙塔的学子蜕变成一个意志坚定的革命者。

穆汉祥烈士

在这之后，国民党特务对共产党员及进步学生的迫害达到高潮，穆汉祥、史霄雯等黄旭华的战友甚至为此献出了宝贵的生命。在这场血与火的洗礼中，黄旭华彻底锻炼成为一名意志坚定的革命者。

大学期间，风华正茂的黄旭华邂逅了自己的一段爱情。

史霄雯烈士

1945 年 9 月，黄旭华考入心中理想的交通大学后，不久就遇到了一位玲珑剔透、天真活泼的金陵女孩媛媛。媛媛与黄旭华同年考入交通大学电信系。打初识起两人就对彼此有着极好的印象，几乎算是一见钟情。1946 年自渝返沪时，黄旭华又和她在同一批次，因此一路上对媛媛关照有加。到上海后，黄旭华的才情在“山茶社”展示得淋漓尽致，媛媛是窈窕淑女、君子好逑，于是两人感情很快升温，不久就成了形影不离的恋人。

媛媛乃大家闺秀，出身于仕宦之家，家境殷实。她的父亲地位显赫，曾任国民政府参议。黄旭华的家境虽然谈不上清贫，但与媛媛相比差距还是比较大的，而且黄旭华到上海后由全公费生调整为半公费生，经济立马变得拮据起来。但媛媛从未嫌他穷困，不仅日常对黄旭华的生活悉心照顾，更全力支持他在“山茶社”的工作。随着时间的推移，两人感情愈加深厚，及至约定终身大事。1946 年夏末，大哥绍忠途经上海约黄旭华见面时，媛媛就以女朋友的身份陪同黄旭华去看望大哥。

然而，媛媛身为金陵女子，幼读《红楼梦》，一直痴迷于文学，且具有一定的文学修养，对自己的电信专业越来越缺乏兴趣，而交通大学也没有文学系，因此就产生了重新投考国立中央大学的愿望。1947 年，媛媛如愿考取了国立中央大学英语系，告别黄旭华去了南京读书。此后，一对璧人，两地相思。

虽然两人的感情并没有因为分处异地而受到影响，但黄旭华在加入地下党后，思想上开始出现了一些波动，对他们的这份感情有了新的理性思考。

媛媛的家庭背景复杂，父亲身份特殊。当时国共两党势如水火的残酷斗争对中共党员在婚姻问题上提出了特殊的政治要求，并要履行严格的组织纪律，这些都让黄旭华对这份感情渐感迷茫。虽然黄旭华为此揪心不已，但由于深爱媛媛，他甚至已经给组织写好了报告，请求组织对他们的关系进行

审查，让有情人成为眷属。可是，黄旭华也明白，这种审查在当时的政治环境下是很残酷的，获得许可的可能性很小，更会给媛媛造成新的伤痛。

最终，为了革命，为了更远大的梦想，他做出了残酷的抉择。

1949 年初，黄旭华给媛媛写了一封最长也是最后的书信，信中从《钢铁是怎样炼成的》中的保尔·柯察金谈起，谈到自己在辗转求学及在“山茶社”的经历和感受，告诉媛媛自己已经坚定了共产主义信念，一辈子要义无反顾地走像保尔·柯察金一样的革命道路，但他的志向和选择与她的出身相冲突，他害怕将来给媛媛造成无尽的痛苦。黄旭华虽然没有在信中明确提出分手，但暗示了他们彼此应该理性结束这份感情。

媛媛何等冰雪聪颖，她不会不明白在那样的政治氛围下家庭出身对于他们彼此意味着什么，而且因为这份感情她也早已承受了来自家庭的压力。媛媛默认了黄旭华的选择。此后，两人再无联系，彼此心存祝福。

在中国革命的历史上，多少共产党人为了自己的理想，为了国家的强大，舍弃生命、割舍情感，义无反顾地献出了自己的一切。

爱情可以无私，也可以坦荡。黄旭华没有对夫人李世英女士隐瞒这段感情，李世英女士更是胸怀坦荡，对丈夫黄旭华与媛媛女士这段情感历程报以深切的理解与惋惜。中华人民共和国成立后，一次黄旭华出差恰好到媛媛女士所工作的城市，李世英女士明确表明黄旭华可以像看望老朋友一样去看望媛媛女士。媛媛女士亦安之若素、心无芥蒂，像老朋友一样热情地接待了黄旭华。

一段初恋，不仅超越了世俗情殇，诠释了新的爱情观与价值观，见证了男主人公的诚实与坦荡，更是礼赞了两位女士豁达的胸襟、崇高的品德及惺惺相惜的情愫。

学成毕业　踏上征程

1949 年初，由于国民党当局在上海各高校对地下党员及进步学生实行疯狂逮捕，以及国民党城防部队进驻交通大学

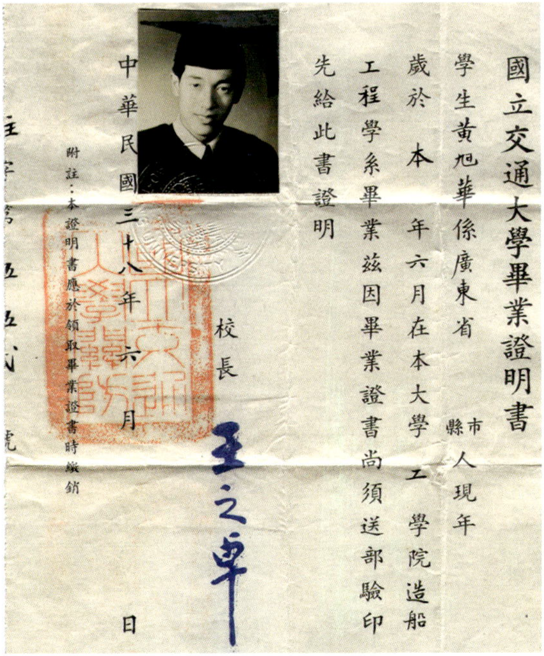
國立交通大學畢業證明書
學生黃旭華係廣東省 市縣 人現年
歲於本 年六月在本大學工學院造船
工程學系畢業茲因畢業證書尚須送部驗印
先給此書證明
校長 王之卓
中華民國三十八年六月 日
附註：本證明書應於領取畢業證書時繳銷

国民政府国立交通大学颁发的毕业证明书

校园，黄旭华这届学生没有办法完成毕业前的必要程序，大家只能在校外等待学校发布与毕业相关的消息。

1949 年 5 月，上海全城回到人民的怀抱。黄旭华积极参与迎接解放军入城、庆祝上海解放的各种活动，之后和同学们一起回到阔别已久的校园。他们自发组织起来打扫校园，整理被国民党军队破坏的校舍。由于新政权已经诞生，曾由国民政府任命的交通大学校方领导于 1949 年 6 月初，草草宣布黄旭华等 1949 届学生毕业。但按照中华人民共和国成立前国民政府的教育章程，高等院校颁发的学历证书必须经过教育部验印方为有效。本着对学生负责的态度，交通大学校方给 1949 届毕业生颁发了由学校和校长王之卓署印的“国立交通大学毕业证明书”，以证明学生在交通大学完成全部规定学业，准予毕业。

中华人民共和国诞生了，人民当家作主了。黄旭华和同学们一起，整理好行装，走向天南海北，朝着新的岗位与梦想迈进。

★第二章
辗转工作　回归专业
受命研制核潜艇

仿制制造　保密难归

四易工作　回归专业

1949 年 5 月 27 日，上海解放。不久，黄旭华结束了交通大学四年的学习，正式毕业。他觉得自己很幸运，一离开大学校门就赶上了一个辞旧迎新的好时代。

交通大学地下党总支书记庄绪良

起先，黄旭华想报名参军，亲身去解放自己的家乡和百姓。当他随着报名参军的队伍慢慢往前挪动时，忽然后面有人拍了拍他的肩膀。黄旭华扭头一看，是交通大学地下党与他联系的最后一位联络人、彼时已是交通大学党总支书记的庄绪良。庄绪良对他说："你不要报名了，党组织决定送你进中共上海市委第一期党校学习。”

在中共上海市委党校，黄旭华系统地学习了党的历史、共产主义理论、党的纲领和章程、党的组织原则和纪律，使自己的革命信念与意志更加坚定。他默默地告诫自己必须为党的事业、国家的强大奉献终生。学习中，他还见到了陈毅等多位党的高级领导人，聆听了他们热情洋溢的演讲。尤其是时任上海市市长的陈毅，他演讲时从来不拿讲稿，都是即兴发挥。谭震林则比较严肃、严谨，但他的报告深入浅出，内容丰富，能深刻地阐释出革命真理。

结束了党校的学习，黄旭华选择“服从组织分配”。1949 年 10 月，组织将他分配至当时的华东军管会船舶建造处（以下简称船舶建造处）工作，此时他也收到了中华人民共和国成立后交通大学补发的新毕业证书。

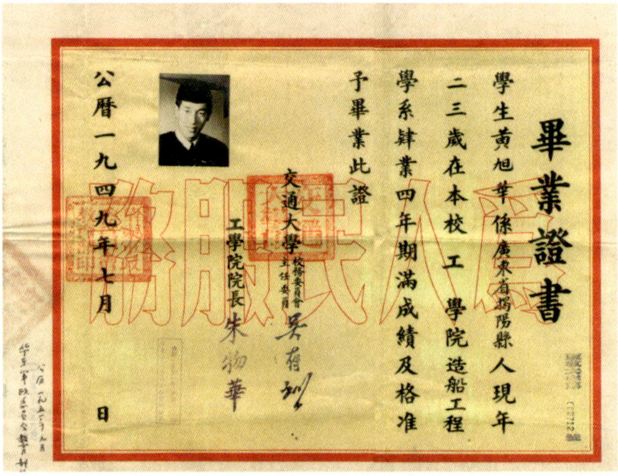
畢業證書
學生黃旭華係廣東省揭陽縣人現年二三歲在本校工學院造船工程學系肄業四年期滿成績及格准予畢業此證
交通大學校務委員會主任委員 吳有訓
工學院院長 朱物華
公曆一九四九年七月 日

中华人民共和国成立后交通大学颁发的毕业证书

船舶建造处是中华人民共和国成立后在上海设立的一个临时特殊机构。出于国家战略的考虑，需要在华东囤积大量的船只，设立船舶建造处的目的就是对以前的老旧船只进行修理、改造，同时建造一部分特殊船只。这个机构后来更名为华东军政委员会船舶建造处。

黄旭华去船舶建造处报到后，发现处长竟然就是自己曾经的老师辛一心，可以在自己老师的领导下工作，黄旭华很开心。由于具备扎实的专业基础，处里就派黄旭华去上海各船厂做技术指导。船舶建造处当时的主要任务是对征集来的客轮和货轮进行武装改造，以方便加装武器等军事装备。在当时的改装工作中，既有像江南造船所（现江南造船厂）这类已经收归国有的大公司，也有规模比较小的民营船厂。黄旭华的工作一方面是对船舶改造提供技术指导，另一方面是对改装工作进行监督，防止施工方偷工减料，保证船舶改造的质量。

1950 年 10 月，在抗美援朝战争爆发的同时，计划中的船舶改装工作也基本完成，船舶建造处的历史使命结束，黄旭华被重新安排至轮船招商局工作。

轮船招商局董事长于眉画像

1950 年 10 月，轮船招商局董事长于眉选定黄旭华为其秘书，主要工作是收集、整理各种资料。于眉是老革命，不仅政治素质过硬，而且处事干练、管理能力强。他对资料收集与整理工作的要求很高，强调必须保证资料收集与整理的系统、准确、细致。于眉不仅工作认真，记忆力也很好，每次去北京参加交通部会议汇报工作，他总能在会上说出一大堆翔实的数据。时任交通部部长的章伯钧先生，总是惊讶于眉的大脑中为何能装下那么多的数字。但于眉董事长知道，这些数据得益于黄旭华辛勤、细致的整理工作。

黄旭华认为于眉董事长注重数据分析，并依据数据进行科学决策的办事风格让他受益匪浅。这让他在后来领衔研制核潜艇的过程中养成了注重各种数据的收集与整理、通过数据分析发现问题、依靠数据寻找解决问题的路径、立足数据安排工作的习惯。

从在轮船招商局工作开始，黄旭华一直兼职统战工作。1950 年底，上海市委统战部为了协助做好民主党派的发展工作，从全市的中共党员中选调一部分人加入民主党派。当时黄旭华被选中，并被指派加入中国国民党革命委员会（简称民革），协助民革上海市委的工作。黄旭华遵照民革章程，参与民革的定期学习及一些重要活动。由于黄旭华是以共产党员的身份加入民革，因此他的发言往往比较容易得到关注。在各项统战活动中，黄旭华谨言慎行，和民革同志的关系处理得相当融洽。

1952 年，黄旭华在上海港务局工作期间留影

1951 年秋，上海港务局由于年轻人特别多，需要加强共青团的工作，迫切需要一个有朝气、工作能力强的领导打开工作局面。港务局经过多方物色考察，觉得具有地下党工作经历、热情活泼又多才多艺的黄旭华非常适合这个领导岗位。而且黄旭华政治上可靠、工作能力

强，于是经过一番努力把他从于眉董事长身边挖了过去。就这样，黄旭华调到港务局出任团委书记。

由于有在交通大学组织与开展社团活动的经历，以及在于眉董事长身边所积累的工作经验，黄旭华的团委书记工作做得有声有色，港务局青年人的精神状态和工作激情很快有了好转，黄旭华也因此得到了局领导及年轻人的一致好评。

1952 年 5 月，由于黄旭华有过地下党的工作经历，政治素质过硬，加上参加过上海市委党校的学习培训，工作后在几个单位的表现良好、成绩突出，他被推举为中央人民政府政务院人民监察委员会监察通讯员，并由该委员会主任签发了聘任书。

中央人民政府政務院人民監察委員會聘書 監聘人字第四八五號
茲聘黃旭華爲本委監察通訊員
此聘
主任 譚平山
一九五二年五月十二日

中央人民政府政务院人民监察委员会聘书

从交通大学毕业后进入党校学习，再到华东军管会船舶建造处、轮船招商局、港务局，从 1949 年秋到 1953 年春，黄旭华一连体验了 3 份完全不一样的工作。虽然每份工作都做得还算出色，但从黄旭华的内心来讲，这些都不是他理想的工作，他还是希望回归到专业技术领域，以实现自己的人生梦想。

机遇总是留给有理想的人。1953 年春，国家工业管理体制调整，原重工业部船舶工业局划归第一机械工业部，并更名为船舶工业管理局，办公地点仍在上海。在船舶工业管理局组建的过程中，黄旭华的很多大学同学都调入这个单位，他的老师辛一心也出任该局设计处处长。黄旭华得知这个消息后心动不已，认为这是回归专业、实现梦想的绝佳机会，自己必须去争取一下。

但是调动工作，须得一方同意接收，另一方同意放人才行。船舶工业管理局初建，急需专业人才，又有同学、师长相荐，黄旭华认定船舶工业管理局接收他应该是没有问题的。经申请沟通，船舶工业管理局愿意接收。但是黄旭华给港务局打请调报告，表明回归专业技术工作的意愿却没有得到批复，后经几次努力也都没有结果。于是，黄旭华一方面坚持工作，另一方面在等待机会。

终于，一次机缘巧合，黄旭华借用港务局领导的一时疏忽，达成了调动的目的。虽然每次回忆起此次调动的过往时，黄旭华依然会面露愧色，但同时也报以腼腆一笑。

事情的原委是这样的。当时港务局下属企业张家浜造船厂的共青团工作始终未见起色，黄旭华于是想直接去这家造船厂蹲点，一是可以接触自己的专业，二是将其共青团的工作抓起来。黄旭华为此向负责干部调动的港务局干部人事处打过几次报告，也一直没有得到批准。一天，黄旭华到港务局干部人事处了解请调情况时，先谈起了张家浜造船厂的共青团工作，不知是不是干部人事处的领导被误导，以为黄旭华说的申请调动是到下属张家浜造船厂的事，总之那位领导拿起船舶工业管理局的请调报告看都没看，就签字盖章同意了。

于是，黄旭华拿着领导的签批报告迅速办理了所有调动手续，旋即去船舶工业管理局报到了。大约一个月后，那位签批的领导不知怎么想起了黄旭华，就询问相关工作人员黄旭华在张家浜造船厂工作进行得怎么样，结果对方回答说：“人家不是调走了吗？还是你批准的呢！”此刻，该领导才发现被黄旭华耍了个阳谋。但木已成舟，黄旭华已在船舶工业管理局工作，也就没再追究了。

进入船舶工业管理局后，黄旭华被分配在船舶试验筹备处，开始了他的专业技术工作。

仿制苏舰　结缘潜艇

船舶试验筹备处当时仍处在筹备阶段，仅有技术组和秘书组两个部门。依据工作安排，黄旭华以技术组的专业工作为主，同时兼任秘书组组长。

秘书组主要负责船舶试验筹备处的组建和完善工作，同时承担船舶试验的各种试验、测试项目的报批及与技术组相关的协调工作等。技术组则承担诸如试验水池、风洞等船舶试验和测试项目的论证、研制、设计、施工等专业技术工作。

这段时间，黄旭华主要接触的是船舶试验水池工作，积累了相关的经验与技术，为他后来在参与核潜艇研制初期负责试验水池的工作创造了条件。

1952 年起，席卷全国的“三反”“五反”运动在上海市展开了。船舶工业管理局应上级安排抽调部分人员参加这项运动。鉴于黄旭华政治素质高、思想品德好、行政经验丰富，他被抽调到船舶工业管理局“三反”“五反”运动办公室工作。“三反”“五反”运动结束后，黄旭华回到船舶工业管理局，被重新分配至设计处并担任设计处总体组的副组长，专门从事船舶的总体设计工作。这是他接触和专攻船舶总体技术的开端，在以后核潜艇的研制工作中，他所承担的也一直是总体设计工作。此时的设计处处长是辛一心老师，辛老师在船舶总体设计上具有很深的理论素养及实践经验，黄旭华在专业工作中直接得到辛老师面对面、手把手地指点与培养，因此取得了很大的收获。这也为黄旭华以后的技术工作奠定了扎实的专业基础。

1953 年 10 月，黄旭华被选中赴当时的民主德国（亦称东德）考察学习其政府各部门的工作。临行前，船舶工业管理局的领导给黄旭华布置了一项特殊的任务——如果有可能，借机考察和了解东德的造船技术及其发展状况。虽然黄旭华在考察过程中特别留意，并通过官方渠道去了解东德船舶试验水池的建设情况，但由于东德过去的试验水池在二战中损毁殆尽，新的试验水池尚在建造之中，因此，此次考察虽然开阔了眼界，学习了管理，但未能在专业上有所收获。

黄旭华访德期间在波茨坦会议遗址的留影

1954年4月，船舶工业管理局按照上级指示，承担了中苏协议中一系列关于海军舰船转让仿制的任务。依据这个任务，黄旭华由原来仅负责民用和商用船舶研制的设计处，调整至设计二处，该处专门负责苏联军事舰船转让仿制工作。

当时的设计二处有4个专业科，分别负责仿制护卫舰、快艇、潜艇、扫雷艇和猎潜艇。黄旭华最初被分在第四科，同毕业于同济大学的白巨源同志一起负责扫雷艇和猎潜艇的转让仿制工作。由于设计二处所承担的是军工项目，对外高度保密，自那时起，黄旭华依据安全条例及保密纪律，尽可能减少了对外的联系，即便是家人也不再谈及工作上的事。同时他也终止了过去所承担的统战工作，不再参与民革的活动，专心于专业技术工作。

从晚清到民国末年，中国军事舰船的制造能力比较薄弱，中华人民共和国军事舰船的制造也是从转让仿制起步的。

所谓转让仿制，就是转让方出技术、给图纸、给资料、给设备、给材料、派专家，在中国制造出与转让方样式、功能一模一样的各型舰船。我国当时的转让仿制技术基本来自冷战时期与我国关系比较友好的华约国家，主要是苏联。当时，我国的军事舰船制造技术比较薄弱，对于苏联提供的这些成套设计、制造技术，虽然黄旭华以前不曾了解，但他饶有兴致，也非常珍惜这样的学习机会。于是他刻苦用功，经常加班加点钻研技术，认真吃透每一份图纸和技术资料，还要弄清楚支撑这些技术的理论与原理，因为只有吃透才能发展与创新。

据黄旭华回忆，当时苏联派来指导转让仿制的专家非常友好，工作尽职尽责，对于中国技术人员的问题，他们也总是尽可能地解答，甚至毫无保留、倾囊相授。

经过两年多的刻苦钻研和勤奋努力，黄旭华在业务能力上逐渐崭露头角，不仅成为业务骨干，甚至连苏联专家都认为他是可造之才。通过向苏联专家系统学习及转让仿制的实践锤炼，黄旭华基本掌握了军事舰船的设计理论与制造技术，熟悉了军事舰船设计制造、测试试验的全套流程，清楚了军事舰船的总体、动力、通信、武备等系统之间的关系。

1957 年初，船舶工业管理局因工作需要拟在北京组建一个管理设计处，急需专业人才。该处处长杜春武熟知黄旭华，既欣赏他的专业才能，又信任他的为人，因此打电话动员他到北京工作。黄旭华与新婚不久的妻子李世英商议后，就应杜处长之邀调到了北京工作。

1957 年时的李世英

到北京工作还不到一年，由于上海设计二处发生人事变动，潜艇科科长一职出现空缺，且转让仿制项目既是军事任务也是政治任务，船舶工业管理局又动员黄旭华回上海出任潜艇科科长一职。黄旭华只好开玩笑地说："可以夫妻团圆了，

潜艇科科长黄旭华

还可以天天看见自己刚刚出生的女儿海燕。”

黄旭华无条件地回到上海后，将全部精力投入常规潜艇的转让仿制工作中。因此际遇，他不仅与潜艇结了缘，而且将一辈子贡献给了祖国的潜艇事业。

相遇相知　喜结连理

黄旭华虽然有过一段无疾而终的恋情，但在出任港务局团委书记期间，他认识了李世英，两人一见如故，一辈子相爱、相依、相守的姻缘就此开启。

李世英是地道的上海姑娘。1951 年夏季，李世英高中毕业，适逢上海市许多政府机关和企事业单位奇缺办公人员，决定从刚毕业的高中生中选拔一批素质较高的学生充实到这些机构中。李世英被顺利选中，分配到港务局工作，并安排在团委任青年干事。恰逢其时，黄旭华出任团委书记，李世英在黄旭华的领导下工作。

高中生李世英

不久后，黄旭华离开了港务局。1952 年初，由于大批苏联专家和苏联技术资料进入中国，因而奇缺俄语翻译。鉴于此，国家在各行业选调大批年轻人进入高校学习俄语，李世英就是在这种背景下因为基础知识好、工作表现优异，被港务局选送至大连海运学院学习俄语的，她也因此圆了自己的大学梦。1954 年夏季，两年的学习结束后，李世英被重新分配至船舶工业管理局设计二处，作为苏联专家的俄语翻译。

就这样，两人在设计二处再次相遇，惊喜不已。如此的巧遇，让两个年轻人的心里漾起层层涟漪，曾经美好的印象和愉快的回忆终于化为了爱情的种子，在两人日后的共事中逐渐生根发芽。

当时，李世英做翻译，黄旭华学习技术，两人都围着苏联专家转。因此，只要是上班，他们基本就在一起工作。终于有一天，黄旭华勇敢地向李世英送去了两块手绢和一个笔记本，借此表达了自己的爱意，李世英也大方地接受了他的感情，两人顺利地发展成为恋人。

1956年初，黄旭华与李世英一起向组织打报告请示结婚，组织考虑到他们的情况，很快就批准了，还特别给他们分配了一间房子。4月29日下午，黄旭华与李世英一起去民政部门办理了结婚登记手续，领取了大红的结婚证书。晚上，两人把各自的行李搬到了组织分给他们的房子里，买了一些水果、喜糖，邀请设计二处的同事们在房间内开了一个小型舞会。同事们纷纷向两位新人致以新婚祝福，两人在同事们的见证下喜结连理。

黄旭华夫妇结婚照

第二天，两人像往常一样出现在苏联专家身边，认真从事着各自的工作，没有休一天婚假。

1957年9月6日，黄旭华与李世英的爱情结晶——大女儿出生了。两人斟酌后给孩子起名海燕，意思大约是上海的燕子或者海上的燕子。但当时的黄旭华已受命调往北京工作，他仅在家待了几天便赶往北京。李世英虽然又当爹又当妈，但对于工作从不马虎，而且积极上进。白天上班忙工作，晚上上夜校学习德语，后来根据工作需要还跟外国专家学习波兰文。李世英的业务能力很强，一段时间之后，作为外国专家科骨干力量的李世英由于实在无法分身，就请了一个保姆。直到1957年底，黄旭华调回设计二处转任潜艇科科长，开启自己潜艇研制生涯时，一家人才得以团聚。

黄旭华与李世英在家中举办婚礼时的合照

“09”启航　受命参与

第二次世界大战结束后，东西方两大阵营的冷战局面逐渐形成，并愈演愈烈。美、苏两个超级大国在常规武器之外的核武器领域的竞争呈现白热化的态势，英、法等国的核武器技术也取得了长足的进展。20世纪50年代中期，虽然当时的中国还很年轻，国力尚弱，但为了打破超级大国的核威胁、核讹诈，确保我国国防的自主与国家的安全，以毛泽东同志为核心的党中央高瞻远瞩，开启了核弹（原子弹、氢弹）、导弹、人造卫星的“两弹一星”工程，并且总体进展顺利。

1954年1月21日，世界上第一艘核潜艇——美国的“鹦鹉螺号”建成下水，试航成功后服役。美国取得了海基战略核力量上的领先地位。随后，苏联第一艘核潜艇“列宁共青团号”于1957年8月9日下水首航，迅速在海基战略核力量上与美国取得了均势。同时，美、苏两个超级大国“三位一体”的核战略也发展成形，并开始具备二次核打击能力。

形势严峻，时不我待。党中央、国务院及时对国内外形势进行判断和评估，高屋建瓴、谋定而后动，迅速制定了《1956—1967年科学技术发展远景规划纲要（修正草案）》，在“两弹一星”之外，提出了发展核潜艇的意见，旨在建立中国版的“三位一体”核战略。

1958年年中，国家把发展核潜艇、建设海基二次核反击力量确定为“09”工程，并正式启动，时间稍晚于“两弹一星”工程。

据已经披露的史料记载，时任国务院副总理、中央原子能事业领导小组成员的聂荣臻元帅，一直密切关注美苏核潜

世界上第一艘核潜艇——美国的“鹦鹉螺号”

艇的研制动态及进展。1957年苏联核潜艇下水后，基于中苏当时的友好关系，借鉴原子弹研制的经验，他认为有可能在苏联的帮助下展开核潜艇的研制工作。6月18日，聂荣臻元帅召集海军副司令员罗舜初、一机部副部长张连奎、二机部副部长刘杰、国防部第五部部长万毅、五院副院长王诤、总参谋部装备计划部副部长安东等人召开会议，讨论研究研制核潜艇问题。聂荣臻元帅于1958年6月27日向党中央、国务院和中央军委秘密呈报了编号为238的《关于开展研制导弹原子潜艇的报告》（以下简称《报告》）。《报告》递交上去仅两天，国务院总理周恩来、中央委员会总书记邓小平、国防部部长彭德怀分别对这份绝密文件进行了批示，后呈送毛泽东主席。毛主席高度重视，及时圈阅批准，并责成相关人员认真落实。就这样，在最高决策层的关注下，我国核潜艇研制工程迅速拉开序幕，1958年因此成为我国核潜艇研制元年。238号文件，也成了我国核潜艇发展史册的第一篇章。

苏联第一艘核潜艇“列宁共青团号”

聂荣臻元帅的女儿聂力中将，在其 2006 年出版的《山高水长——回忆父亲聂荣臻》一书中，披露了尘封半个世纪的 238 号绝密文件。

238 号文件原文（部分内容已做保密处理）：

关于开展研制导弹原子潜艇的报告

（中央传阅文件　1958 年 238 号）

德怀同志、总理并报主席、中央：

我国的原子能反应堆已开始运转，这就提出了原子能的和平利用和原子能动力利用于国防的问题。关于和平利用方面，科委曾开过几次会进行研究，已有布置。在国防利用方面，我认为也应早作安排。为此，曾邀集有关同志进行了研究，根据现有的力量，考虑到国防的需要，本着自力更生的方针，拟首先自行设计和试制能够发射导弹的原子潜艇，待初步取得一些经验以后，再考虑原子飞机和原子火箭等问题。初步安排如下：

一、以 641 型潜艇（1800 吨）的资料为基础，先设计试制 2500 吨的原子潜艇，接着再设计 5000 吨的，前者争取在 1961 年 10 月 1 日前下水。

二、拟以罗舜初、刘杰、张连奎、王诤四同志组成一个小组，并指定罗舜初同志任组长，张连奎同志任副组长，筹划和组织领导这一工作。

三、分工：

（1）总体布局和要求由海军提出，统一总体设计工作。

（2）船体、主辅机、电机、仪表以及工艺设计由一机部负责。

（3）原子动力堆由二机部负责。

（4）战斗导弹由五院负责。

四、生产基地，从保密和安全考虑，上海不太合适，似应放在 ×××。建议 ××× 今年继续动工，并补充原设计之不足，争取在 1960 年初建成，以便承担上述任务。

关于设计和试制原子潜艇问题，二机部刘杰同志曾与该部苏联专家谈过，专家表示，他个人愿意大力支持。

以上是初步安排和建议，当否请批示。

敬礼

聂荣臻

1958 年 6 月 27 日

6 月 28 日，周恩来总理阅后批："请小平同志审阅后提请中央政（治局）常委批准，退聂办。"

6 月 29 日，邓小平总书记阅后批："拟同意。主席、彭真核阅后退聂。"

毛泽东主席签批 238 号文件后，经决策层提议并任命，以罗舜初为组长，张连奎为副组长，刘杰、王诤为成员的"核潜艇工程领导小组"（亦称"中央四人组"）随即正式成立，具体筹划和组织核潜艇研究的前期工作。自此，核潜艇研制工程秘密拉开了帷幕。

1958 年 7 月，在"中央四人组"的协调下，一机部、二机部、海军立刻统一调配力量，依据核潜艇的技术特点分别

筹建了核潜艇总体设计组（对外称造船技术研究室）和核潜艇动力设计组。一个月后，配套的核潜艇总体建造厂也获准立项并正式上马，核潜艇研制工程的各项主要工作紧锣密鼓地全面展开。

出于保密工作的需要，按照绝密军工项目的惯例，核潜艇研制工程必须拥有一个代号。代号当然不是随便确定的，需要依据一定的背景或者特定的逻辑。我国最初确定研制核潜艇时寄希望于苏联提供支持，在此前的中苏“六四协定”中，约定苏联向我国有偿转让五种型号的舰艇制造技术，该工程的代码系列首尾数字都是“6”，那么核潜艇工程依据先后次序就该是“7”系列了，由于考虑代码后期扩展的容量，核潜艇工程的代号就确定为“07”，也称“07”工程。

可是，1959年12月，在一次海军直属机关批判海军舰船修造部副部长薛宗华大校的会议上，由于薛宗华同志是“07”工程的主要领导之一，而一位同志发言时不慎说出了“07”工程是党中央批准的绝密工程，让会场绝大多数不知情的同志大吃一惊，“07”的性质就此暴露。为确保国防机密，“07”代号立刻被废止。经过认真研究后，考虑“08”工程早已被其他国防工程占用，因此建议核潜艇研制工程启用“09”这个新代号，随后上报海军科学技术研究部，该部无异议后，以第159号文批复。因此，1960年以后，“09”就成为核潜艇工程的新代号，在官方正式文件中通常称为“09”工程。

“09”工程正式启动后，与核弹研究一样，起初是希望得到苏联的帮助与支持。但我国政府代表团几经努力、反复交涉，仍然没有得到苏联方面的任何正面答复。此后，经由正式外交渠道向苏联决策层要求得到核潜艇研制技术的提议，也都遭到苏联的漠视与回绝。

1958 年，苏联出于冷战的需要，提出在中国建立长波电台，并与中国建立联合舰队。他们无视我国的主权和安全诉求，提出中国没必要研制核潜艇，由他们提供保护，建在中国领土上的长波电台由他们管控使用。在这两个问题上苏联领导人傲慢无理，毛泽东主席被彻底激怒了，字字铿锵地说："核潜艇，一万年也要搞出来！"

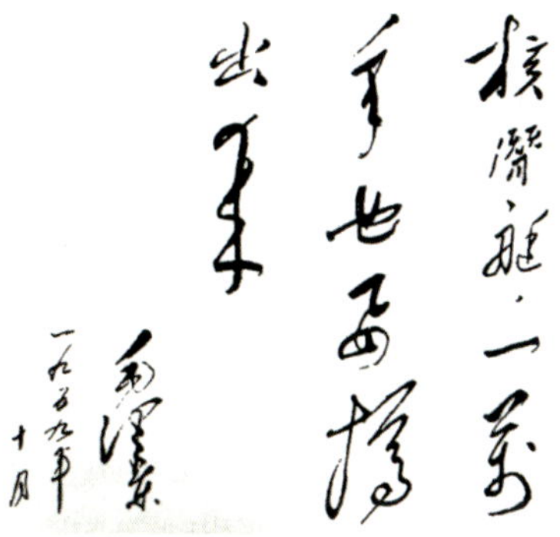
毛泽东批示的"核潜艇，一万年也要搞出来"

毛主席的话气势如虹，立刻激起了中国人民的豪情壮志，坚定了我们独立自主研制核潜艇的信心。"核潜艇，一万年也要搞出来！"宣示了已经站起来的中国人民不畏霸权、宁折不弯、自强不息的意志和精神，同时也激励着广大工程技术人员不舍昼夜、筚路蓝缕、奋发图强。

核潜艇总体设计组是中共中央批准核潜艇研制工程后第一时间成立的核潜艇研制专业机构，对外称为"造船技术研究室"，由海军舰船修造部和第一机械工业部船舶工业管理局联合组建。组长由海军舰船修造部副部长薛宗华大校兼任，船舶工业管理局船舶产品设计院副院长王星朗为负责人之一，党支部书记由海军政治部青年部副部长曹磊兼任。核潜艇总体设计组成立的具体时间是1958年7月。

核潜艇总体设计组名义上归口海军舰船修造部，事实上归"核潜艇工程领导小组"领导，最初的办公地点在北京市公主坟海军大院最偏僻的西南角53号楼的二、三层（现南区55号楼）。两个多月后，因为这个地方环境比较嘈杂，就搬到53号楼北面的5号楼（现西区78号楼）的二层办公。

薛宗华（左三）及黄旭华（右一）等造船技术研究室的部分研究人员合影

7月18日，薛宗华副部长的秘书陈谭生同志，把放在海军舰船修造部的"641"潜艇资料搬进了53号楼，核潜艇总体设计组就正式开始工作了，先期报到的同志着手研究"641"潜艇资料。由此，核潜艇研制工作迈开了第一步。

1958年8月初，黄旭华刚刚上班，就被通知立刻去北京出差。他二话没说，给妻子李世英打了个招呼，拿起简单的洗漱用品就直奔北京而去。

等到了北京，船舶工业管理局的领导才严肃地对黄旭华说，国家启动了绝密级的核潜艇工程，党中央、国务院高度重视，举全国之力进行研制，根据上级的指示和专业工作的需要，决定选调他参加该工程的研究，依据他的业务能力将他分配到核潜艇总体设计组，并通知他去海军大院报到，不用再回上海了，直接留在北京工作，其他问题组织会妥善安排。就这样，黄旭华都没能和夫人及女儿道别就匆匆忙忙地调到了北京，并且不能向李世英解释调动的原因，也不能说新的工作单位及工作性质。

黄旭华回忆，他到北京报到是8月初，算是进组较晚的。报到后第一件事是领导谈话，党支部书记曹磊让他有思想准备，并告诫他三点："第一，你被选中，说明党和国家信任你；第二，这项工作保密性强，这个领域进去了就出不来，犯了错误也出不来，出来就泄密了；第三，一辈子出不了名，得当无名英雄。"曹磊还着重对黄旭华宣布了核潜艇这个"天字第一号"绝密项目的保密纪律，不能对任何人（包括父母、妻子、儿女）透露工作单位、工作内容和工作性质，所有对外联系及回家探亲都需要经过严格的审批。

在核潜艇总体设计组工作时的黄旭华

当时，即便是同在海军大院内的其他机关单位，对他们也是一无所知。黄旭华自1958年到北京参与核潜艇研究工作起，30年来，家人对于黄旭华的了解，也仅限于一个"北京××信箱"。

核潜艇总体设计组最初总人数是29人，其中专业技术人员17人，主要由海军舰船修造部驻造船厂军事代表室和自一机部船舶工业管理局系统抽调的人员组成。根据军事舰船的研制特点，核潜艇总体设计组进一步划分为船体组、动

力组、电气组三个专业小组。黄旭华当时被分在船体组，组长是张景诚，副组长是李建球。组长张景诚和黄旭华一样，来自船舶工业管理局，此前在上海船舶设计院工作，过去因工作曾与黄旭华有过几面之缘。张景诚在上海造船界享有很高的威望，是我国第一艘万吨级远洋货轮“东风号”的设计者之一。他技术精湛、业务能力强，为人也厚道，对黄旭华很赏识，在工作上也比较关照。副组长李建球来自海军舰船修造部，当时刚刚结束留苏回国。1959 年，船体组更名为船体科，黄旭华因为工作出色，与武杰一起被增补为副科长。黄旭华认为，以他当时的资历，被提拔为副科长应该是得益于张景诚的直接推荐。

1959 年 12 月 24 日，海军成立科学技术研究部，核潜艇总体设计组划归该部建制，同时对外宣称的“造船技术研究室”更名为“‘09’研究室”，仍然由薛宗华负责。1960 年，薛宗华蒙冤后被撤职，周圣洋被任命为“09”研究室第一任主任，苏平被任命为第一任政委。

困境探索　艰难前行

虽然核潜艇研制工作已于 1958 年 7 月正式启动，但一开始就遭遇了三大难题的困扰。

第一个难题是思想上的。核潜艇研制工作启动时正是国内“大跃进”时期，主观臆断、盲目追求进度、制定不切实际的高指标等现象普遍存在，黄旭华等务实理性的专业人员为此很头疼。

第二个难题是生活困难、物资匮乏、配套不全。1959 年，食物供应奇缺，黄旭华等核潜艇参研人员经常饿肚子，普遍出现营养不良的情况，甚至引发了肝炎、浮肿等病症。与此同时，由于国家物资的匮乏，核潜艇研制所需要的设备、材料都出现短缺，设计验证等研究工作所需的配套机构及基础设施也普遍不足，核潜艇的研制步履蹒跚，推进极其困难。

核潜艇是一个极其复杂的武器平台，计算任务及数据处理量很大，黄旭华等第一代核潜艇人仅靠原始的设计与计算工具研制核潜艇。海量的数据处理，只能靠最原始的算盘和稍微先进一点的计算尺。

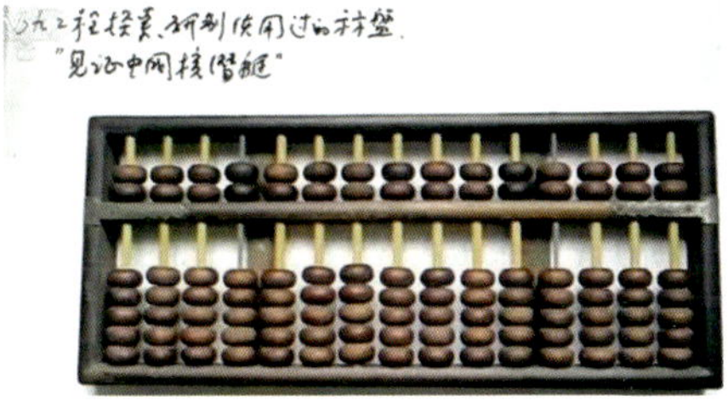

黄旭华当年使用的算盘

黄旭华当年用过的计算尺至今还保存着，上面深深的痕辙仿佛诉说着他们当年的艰辛。还有一把当年使用过的算盘，那是他的岳母所赠，为了勉励他勤奋工作，上面清晰地刻着“旭华”二字。

第三个难题是技术资料奇缺。20 世纪 50 年代末，大家只是从新闻里得知美国、苏联制造了核潜艇，至于核潜艇是什么样子的都不知道，不仅没有相关的技术资料，甚至见不到一张照片，故此大家对设计研制工作心里没底。

黄旭华表示，就算是他们这些接触过常规潜艇仿制的专业技术人员，对于核潜艇的了解也仅限于知道它是一种潜艇，

是用核能推进的，其他的也很茫然。

当时的情况是，我国尚处于对常规潜艇的学习与仿制阶段，基本不具备自主研制设计能力，更别说核潜艇的设计研制。核能的研究刚刚起步，原子弹研制尚未攻克，陆上核反应堆的强度和速度控制也在探索中，更毋庸说船用核反应堆了。

因此，当时的科研人员对核潜艇资料表现出极度的渴望。资料是科学研究的重要基础，起到知识传承、思想借鉴、考证辨析的作用。当时核潜艇是最尖端、最复杂的武器平台，美苏核潜艇的研制资料属于绝对机密，能够获取的资料自然少得可怜，即便是常规潜艇的资料也不多。国家各有关部门通过各种渠道千方百计地收集关于核潜艇的资料，核潜艇总体设计组及动力设计组的每一位科研人员也同样使出浑身解数，寻找关于核潜艇及其配套技术设备的资讯，哪怕是只言片语。即使在好不容易获取的少量资料中，也存在真假难辨、鱼龙混杂的问题。

黄旭华说，为了找到真正有价值的资料，当时查找、甄选资料得用好“三面镜子”：一面是放大镜——沙里淘金，在庞杂的信息堆里寻找出有用的信息；一面是显微镜——去粗取精，有的信息比较笼统、粗糙、模糊，需要做进一步的深入研究；一面是照妖镜——去伪存真，有的信息貌似有用，但可能是错误的，甚至是误导性信息，有的信息中真假成分都存在，需要分析后去掉虚假的信息，保留有价值的部分。

尽管面临着种种困难，但核潜艇的参研人员依然满怀强烈的责任感和使命感，迎难而上，排除万难。大家愈挫愈勇、艰难求索，研制工作开始逐渐破冰。

除核潜艇总体设计组在努力工作外，彭士禄和后来担任核潜艇副总设计师并成为两院院士的赵仁恺，带领着核潜艇动力设计组在祖国的大西北山沟里艰辛地探索着潜艇核动力设计问题。赵仁恺在回忆录中真实地记录了当时的情景：“为完成任务，为全国人民争气，我们日日夜夜努力学习工作。每晚办公室都是灯火通明，我们一般是晚上 11 点以后才回宿舍休息，而第二天早上 7 点又都出现在办公室里。我们遵守纪律，严格保密，集体战斗。搞调研，啃书本，做方案……，高速、高效地集体学习，集体成长，集体完成任务。那种奋发图强、废寝忘食、出成果、出人才、战斗成长的日日夜夜，至今我们仍难以忘怀。”

年轻时的彭士禄（首任核潜艇总设计师）

1961 年初，经过两年多的艰苦努力，黄旭华所在的核潜艇总体设计组在以下几个方面取得了阶段性的突破与成果。

工作中的赵仁恺

第一，消化了苏联常规潜艇的设计技术，基本清楚了核潜艇与常规潜艇的区别，明确了研制的主要难点所在。

第二，广泛收集了核潜艇的资料，对部分关键技术展开

了预研，以常规潜艇为基础，编制出一个核潜艇设计技术规范，并初步形成核潜艇的普通线型和水滴线型设计方案。

第三，拟定了核潜艇设计与制造主要配套设备及材料清单，为后续核潜艇配套工作创造了条件。

第四，对核潜艇部分关键技术、重要参数及设计规程展开了试验研究，以验证设计思想。

通过这些早期的研究工作，大家总算建立了一个核潜艇的基本概念，明确了核潜艇的大致轮廓。

试验水池　重点攻关

核潜艇是一种在水下作战的武器平台，其设计是否科学合理、战术性能是否先进，还需要通过水下试验来验证，而这个水下试验当然不可能直接去大海，而需要通过试验水池来完成。

1959 年初，依据核潜艇研制的需要和当时国内试验水池的配套情况，核潜艇总体设计组决定派具有一定试验水池相关工作经验的黄旭华回上海，主持核潜艇试验水池的建设、测试等工作。

在 1959—1960 年的大部分时间里，黄旭华几乎泡在试验水池工作室里。这段时间，黄旭华的工作主要有两个方面。一方面是协助与配合上海交通大学的试验水池建设工作。当时上海交通大学的试验水池处在建设末期，黄旭华需要基于核潜艇研制试验、测试的需要提出一些具体技术要求，参与试验水池的设计及建造，从而让上海交通大学的试验水池可以满足核潜艇研制、测试的部分需要。另一方面，黄旭华要带领核潜艇水动力性能组的技术人员筹备核潜艇水池试验方案、试验模型、测试技术、测试方法等。此前，国内既无试验水池，也没做过这样的试验，在这个方面完全是零基础。

当时，黄旭华带着钱凌白、崔继纲、单海扬等几个年轻的技术人员，从零起步，试验方案、试验方法、试验仪器仪表，逐项攻关。由于时间紧，他们在尚未完全完工的试验水池里就已经开始做起了相关技术试验。

20 世纪 60 年代的钱凌白

当时上海交通大学的试验水池规模比较小，其他相关试验条件也不具备，因此做一些小型船舶及常规潜艇技术试验还能凑合，但是做排水量大很多的核潜艇试验就很勉强。因此，黄旭华等人只能用一些简单的模型做定性试验，而没法做定量测试。在最初所做的试验中，由于没有特定的预选方案，基本是探索性的，黄旭华只能基于自己的预见，围绕水滴线型进行验证性试验。黄旭华从一开始就看好水滴线型，他做水滴线型的试验在某种程度上也是在检验自己的想法。尽管当时的试验不太成熟，但足够支撑后来他在核潜艇线型之争上的底气。

黄旭华除负责试验水池的工作外，还负责一部分与核潜艇研制相关的设备及技术配套工作。依据 1960 年 3 月国防科委会议上确定的与核潜艇研制进行技术、设备配套的行业和单位名单，黄旭华去这些行业和单位逐一进行认真调研，编制配套报告，明确配套的技术和设备要求。其中哈尔滨汽轮机厂、上海电机厂，黄旭华都去过很多次，对配套工作严格把关。

依据上海交通大学试验水池中核潜艇水动力试验的结论，黄旭华所在的水动力性能组以“09”研究室的名义，向上级提出建设我国高标准、多种类大型试验水池的建议，并详细论述了建设的必要性及可行性，以满足后期核潜艇及其他大型专业船舶研制的试验及测试要求。

1961 年，我国大型试验水池建设工程获准立项，并由 702 所承担建设任务。黄旭华带领相关技术人员进驻 702 所，积极参与 702 所各种大型试验水池的设计与建造。基于核潜艇水动力试验的技术要求，提出了操纵性水池、拖曳性水池、回转水池及风洞的技术参数，并对试验水池建设进行技术审查，为核潜艇研制工程恢复上马后的水池试验打下了良好的基础。

拖曳试验水池

初当重任 父丧难归

1961年6月，黄旭华所在的“09”研究室并入国防部舰艇研究院，改称“09”技术研究室，研究室主任继续由周圣洋担任。6月7日，国防部舰艇研究院正式列入军队编制，番号为国防部第七研究院（简称七院），编制属于国防科委，但由海军具体管理，“09”技术研究室恢复为原来的“09”研究室。

1961年11月14日，鉴于黄旭华在前期核潜艇研制中所展现出的过硬的专业素质、较强的组织领导能力及出色的工作业绩，海军司令员萧劲光、政委苏振华签发了对黄旭华的任命书，任命他为国防部第七研究院“09”研究室副总工程师。自此，黄旭华正式走上了核潜艇研制的重要领导岗位，接受组织与事业对他的更大考验，开始从全局上组织与协调核潜艇的总体设计及技术抓总与配套工作。

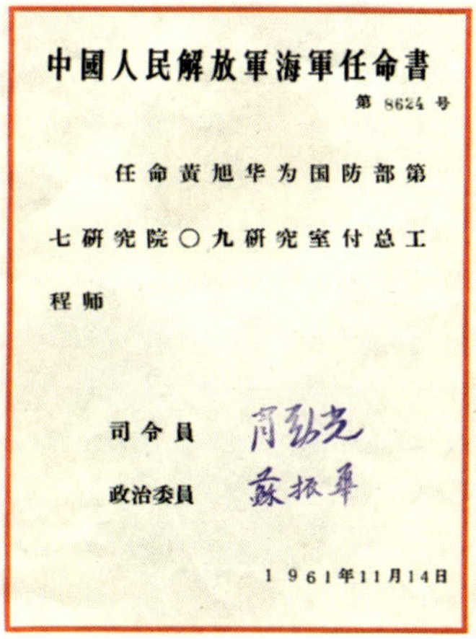
中國人民解放軍海軍任命書

第 8624 号

任命黄旭华为国防部第七研究院〇九研究室付总工程师

司令員 肖劲光

政治委員 苏振華

1961年11月14日

任命黄旭华为国防部第七研究院“09”研究室副总工程师的任命书

1961年12月14日，黄旭华接到来自家中的加急电报，被告知“父丧速归”。黄旭华接到电报后痛苦不已，但奈何工作缠身，刚刚又被委以重任，保密要求又极为严格，他只能回电报说无法回家，没有说明原因，也不能说明原因。黄旭

华只能默默地背负着对父亲的愧疚，还有弟弟妹妹们对他的埋怨。

父丧不归，不仅家中老母亲及弟妹们不解，就连夫人李世英都颇有微词，黄旭华心中有苦说不出，除了沉默就是委屈。

1962 年 3 月底，彭士禄、黄旭华、尤子平等技术人员领衔的“09”研究室，终于完成了《原子导弹潜艇初步设计基本方案（初稿）》。这个方案是一个正式、规范的官方文本，主体是导弹核潜艇的初步设计方案，同时列举了艇总体、反应堆、关键配套设备等关键技术 157 项，试验课题 254 项，勾勒了后续研制工作的总体框架，并指明了专项研究的技术方向。

1962 年 4 月，海军政委苏振华与铁道部部长吕正操联合决定，“09”研究室迁出海军大院 5 号楼，黄旭华等研制人员搬到了北太平庄铁道学院的一栋更加隐秘的楼房里办公。

1962 年年中，组织上将李世英调到北京。黄旭华夫妇总算结束了近四年的两地分居，一家人得以团聚。

当时，他们一家三口虽然挤在一间小房子里，但是非常开心。黄旭华的女儿到北京时快五岁了，黄旭华高兴地说，女儿现在是北京的妮子了，该有一个北京味道的名字，于是把女儿的名字改为燕妮。

李世英调到“09”研究室上班后，具体承担与核潜艇有关的资料收集、整理与翻译工作。至此，她才逐渐明白黄旭华的工作性质，了解了这项工作的重要程度与保密性质，不仅过去的一些不解和埋怨烟消云散，而且更体谅丈夫的难处、敬佩丈夫的胸怀，从此更加支持黄旭华的工作。

工程下马　执着坚守

“不经历风雨，怎能见彩虹！”1962 年，黄旭华敏锐地感到核潜艇研制工程陡然间迟滞下来。1962 年 7 月 20 日，海军党委、二机部党组联合上报《关于原子核潜艇动力装置今后如何开展工作的请示报告》，建议停止陆上反应堆建设，撤销筹备机构。1963 年 3 月，周恩来主持中共中央专门委员会会议，原则同意该请示，正式决定核潜艇研制工作下马。1963 年 3 月 19 日，“09”工程搁浅，核潜艇研制正式下马。

“09”工程下马的决策过程是非常痛苦和慎重的。无论是最高决策层，还是海军及二机部领导，都经过长时间的多次研究、讨论和质询，没有谁愿意“09”工程下马，可又不得不暂时割舍，整个决策过程前后持续了 8 个月之久，足见当时决策层的犹豫和纠结。出于科学考量，中央慎重决定“09”工程下马后保留一批核心人员继续研究，希望犹在。

长期研究与关注我国核潜艇发展历史的杨连新先生，在其专著《见证中国核潜艇》中，将下马的原因归结为国家经济困难、技术力量不足、给“两弹”让路、对客观规律认识不清（比如一开始就以研制导弹核潜艇为目标）、核潜艇的协调抓总机构不够权威等五个方面。

黄旭华作为当事人，将核潜艇研制工程的下马原因归纳

为：既“生不逢时”，又“先天不足”。

所谓“生不逢时”，主要是指中苏关系。1960年，中苏关系彻底破裂，苏联旋即撤走专家、资料，停止了各种设备供应。在研制核潜艇的决策上，最高层最初寄希望于苏联的帮助，而且在核潜艇研制的初期，苏联专家还是提供过一定帮助的。譬如1959年4月上旬，经周恩来总理的努力斡旋，苏联驻华大使馆转来了苏方专家组的《对于导弹原子潜艇研究设计初步方案所提各项问题的答复》，对中方技术人员提出的涉及核潜艇初步设计方案、核潜艇动力设计原则及导弹武器三大方面共71个问题，以书面的形式给予了详细的回答，并对中方核潜艇设计方案中有些部分给予了充分的肯定。这些苏联专家的回答还是极具诚意的，为后期核潜艇的研制指明了方向，让黄旭华他们少走了一些弯路。

苏联F级常规动力潜艇

至于“先天不足”，首先是不具备国际条件。1958年前后，美国和苏联的核潜艇虽然都下水试航了，但技术并不成熟。即便稍稍领先的美国，核潜艇技术也处在验证和完善之中，他们甚至出过灾难性事故。其时，国力及技术水平远超中国的英、法两国，核潜艇同样在探索研制之中。如果再考虑意识形态的差异与保密控制，当时中国几乎没有可能得到有价值的技术资料或者有效外援。

其次，自身技术条件严重不足。1958 年前后，我国还处在苏联常规潜艇的转让仿制阶段，且举步维艰，仿制水平及成功率还难以令人满意。常规潜艇都没能力设计，遑论跨越技术含量不在一个等级上的核潜艇设计与制造了。

最后，国力不足、配套条件跟不上。第一，当时我国的陆上核反应堆刚刚接近临界，核技术还未取得实质性突破，高功率化、小型化的船用核反应堆完全是奢谈；第二，与核潜艇工程配套的各种设计条件和试验条件几乎为零，不但起码的试验水池和风洞没有，各种设备、仪器严重短缺，就连一个大型绘图板都找不到；第三，核潜艇总体建造厂刚刚动建，跟不上核潜艇研制的步伐；第四，国家财力、人力不足，那时的国家还处于恢复阶段，各项建设都需要大量的资金和专业人才，优先保证“两弹一星”工程已经占用了可观的财力与大量的人力，难以再支撑耗资巨大的核潜艇研制。

故此，当时最高决策层做出“09”工程下马的决定是科学的、明智的。如果盲目坚持，不仅于核潜艇研制无补，还会产生更大的浪费与牺牲。暂时下马、伺机再生的迂回战略更符合我国当时的实际情况。

第一代核潜艇副总设计师尤子平

1962 年底，按照决策层的部署，国防部第七研究院“09”研究室进行整编，数以百计的研究设计人员被调离，其中许多核心研制人员离开了“09”工程。“09”研究室的核心成员尤子平被先期调离，后来成为我国新一代核潜艇型号总设计师的宋学斌被分流，核潜艇动力设计组的赵仁恺也离开了，偌大的“09”研究室仅留下65人值守。整编后的“09”研究室，代号为原子能所“47 1”室。在这次整编中，黄旭华作为最早加入的核心研制人员，又作为技术骨干被留了下来。

1963年10月，中央做出了关于保留核心技术骨干、保持对核动力及核潜艇总体等关键技术持续研究的决定。于是，经中央专门委员会批准，国防部第七研究院“09”研究室、703所第五室、二机部“47–1”室合并，组建潜艇原子能动力工程研究所（简称动力所），对外称为第七研究院第十五研究所（简称715所），任命周圣洋为副所长，彭士禄、黄旭华二人为副总工程师，全所有技术人员160多人。

黄旭华在715所工作时的笔记本

“09”工程主体下马及潜艇原子能动力工程研究所的成立，标志着最初的核潜艇总体设计组和动力设计组结束了自己的历史使命，但核潜艇研制的星星之火以新的方式存续。

此后，彭士禄、黄旭华两位副总工程师带领新的团队，一方面继续学习、钻研业务、提升专业理论水平，另一方面重新确定核潜艇重点攻关方向，保持对核潜艇研究的可持续性。大家齐心协力克服人员严重不足的困难，在相关协作单位的配合下，刚组建的潜艇原子能动力工程研究所就在核潜艇动力堆的设计、核反应堆压力壳制造所需的低合金高强度钢的制造、核燃料元件生产、核潜艇舰载武器及其发射平台研制等方面，取得了重大突破。黄旭华继续负责船体部分的研究，重点对水滴线型、高速操纵性及艇体结构强度等专题展开系统研究，为核潜艇总体设计方案的选择和初步设计积累了更加翔实、可信的数据。

虽然核潜艇总体设计组的人员流失最为严重，1963 年底至 1964 年，黄旭华还是带领仅存的几位船体技术人员对“03”“031”“033”“641”等多个型号的苏联常规潜艇的线型和快速性资料进行了全面消化和分析，写出了关于核潜艇线型与航行性能及其阻力影响的分析报告。

1964 年初，潜艇原子能动力工程研究所整体加入人民解放军序列，黄旭华等技术人员集体参军入伍，部队番号为总

黄旭华军官证

字907部队。1月6日，黄旭华曾经的参军梦想在此刻实现了，他被授予人民解放军技术少校军衔。

黄旭华军装照

1964年1月18日，国防部正式任命彭士禄、黄旭华为国防部第七研究院第十五研究所副总工程师。此次国防部的正式任命，既体现了中央高层依然重视核潜艇研制工作，又表达了对继续坚持研究的技术人员的鼓励，更让大家看到了希望。

★第三章
工程重启　重点突破
荒岛克艰铸重器

模型辅助　院所初建

1964年6月29日，中国首枚国产导弹“东风二号”发射成功。同年10月16日，中国第一颗原子弹爆炸试验成功。世界为之震惊，美苏的核讹诈宣告破产。

国产“东风二号”导弹发射

我国第一颗原子弹爆炸时的场景

黄旭华敏锐地意识到导弹、原子弹研制成功对于核潜艇的意义。原子弹爆炸成功意味着核技术取得突破，核潜艇的动力问题具备攻克的技术基础；“东风二号”导弹发射成功，则给战略型核潜艇的武器平台开发创造了条件。随着国家经济条件好转，黄旭华也明显感觉到科学研究的人才队伍在逐渐壮大，科研条件也有了较大的改善。

报告获批　工程重启

1965年春节，整个北京还沉浸在其乐融融的节日氛围里，黄旭华接到了时任国防部第七研究院副院长于笑虹将军打来的电话，他让黄旭华和钱凌白到家中坐坐，商量一些事情。黄旭华立刻兴奋起来，直觉告诉他核潜艇研制工程有可能重启。

青年时期的于笑虹将军

黄旭华和钱凌白刚到于副院长家落座，没有寒暄，没有绕弯子，于副院长笑着说：“原子弹和导弹成功了，高层已有向核潜艇工程倾斜的意向，‘09’工程恢复上马的条件具备了，我们应该抓住这个机会。今天请你们二位专家来，就是想听听你们的意见。”

听完于副院长的话，黄旭华与钱凌白相视一笑。黄旭华抑制住内心的激动，对于副院长说：“核潜艇研制的技术已经成熟了，相关研制条件也大体具备，‘09’工程应该立刻恢复上马。”于副院长看着两位爱将跃跃欲试、急不可耐的样子，也深受感染，当即交代：“你们俩立刻代表六机部向中央起草一个报告，详细阐明‘09’工程恢复上马的必要性，列举已经具备的各种条件，从技术上论述核潜艇研制的可行性，并对工程上马后的各项问题提出合理建议。”

早就翘首以待，岂会耽搁片刻。黄旭华和钱凌白当天就行动起来，毕竟事关重大，既要抓紧时机迅速上报，又必须保证质量。黄旭华和钱凌白分析认为，仅靠他们二人的确有些困难，应该集思广益。报请领导同意后，尤子平、陈发金两位同志也一同参与请示报告的起草工作。他们惜时如金、加班加点，数日后，报告完成，于副院长阅后又提出了一些修改建议。1965 年 2 月底，这份关于恢复核潜艇研制的请示定稿，并第一时间呈送到了六机部部长方强和副部长兼七院院长刘华清的手中。

六机部部长方强中将

钱凌白在其《回忆录》中描述了这个过程。

> 1965 年春节，海军科研部部长、七院副院长于笑虹将军把黄旭华和我两人请到他家，商讨向中央打报告申请核潜艇重新上马事宜。“原子弹爆炸成功，是一股强劲的东风，我们的核潜艇研制工作，要借这股东风把它推上去。”我们一进门，于副院长就微笑着对我们说。我们两人听了都非常振奋。这天，我们研究的主题是核潜艇重新上马所具备的条件和先研制哪一类型的核潜艇。我们两人向于副院长汇报了研制核潜艇及其配套设备的科研工作的进展情况，以及核工业部已经完成潜艇核动力装置

设计方案，并在潜艇核动力装置的高压设备的研究方面取得了进展，核燃料元件及控制元件的研制也取得了很大进展。根据上述情况，我们一致认为现在已具备条件攻下核潜艇这个尖端来。另外，我国的海防迫切需要加强反潜力量，以及根据我国现有的技术力量，我们一致的意见是第一步要尽快研制出能对付敌人导弹核潜艇的反潜攻击型核潜艇，然后再研制出我们的导弹核潜艇来。于副院长最后说：“好，有关其他问题，待春节一过，我们立即组织力量，进行可行性论证，形成一个完整的报告！”1965年2月底，一份关于研制核潜艇的请示送到了六机部部长方强和刘华清副部长的手中。

1965年3月13日，二机部联合六机部党组将《关于潜艇原子能动力工程研究所领导关系的请示报告》呈送至国防工办并报中央专委。该报告建议：将国防科委舰艇研究院下属的715所和703所一室划归二机部领导，负责核潜艇动力总体设计和陆上模式堆的筹建工作；核潜艇总体研究设计及对动力装置的船用要求则由六机部承担。为保证两部工作的协同，建议在七院成立一个核潜艇研制抓总机构。

仅仅过了一周，1965年3月20日，周恩来总理主持召开第十一次中央专委会议，批准了二机部和六机部党组的联合报告，核潜艇研制工程重新列入国家计划，核潜艇研制工作全面启动。

为了落实中央专委的指示，1965年4月，715所划归二机部研究设计院，作为该院第二分部，对外称北京15所。5月，位于渤海湾葫芦岛的核潜艇总体建造厂在停工多年后恢复施工。6月，七院以701所二室（导弹常规动力潜艇总体研究室）和715所潜艇总体科为核心，组建了核潜艇总体研究设计所，亦称七院第十九研究所（简称719所），夏桐同志被任命为第一任所长，宋文荣、王诚善为副所长，黄旭华、尤子平被任命为副总工程师。考虑核潜艇设计与建造配套及工作的便利性，新成立的总体所选址也在葫芦岛，与核潜艇总体建造厂比邻。

呈送建议　确立方向

虽然核潜艇工程正式恢复上马了，但下马前的一些教训仍然在黄旭华等研究者心里挥之不去。核潜艇研制的大方向没有得到明确、没有论证，核潜艇研究、设计、制造都无法科学展开。因此，在六机部第七研究院领导人于笑虹和专家黄旭华等人的建议下，海军会同二机部、六机部又对黄旭华等起草的方案反复论证、多次完善后，于1965年7月向中央专委呈送了关于核潜艇研制的技术性建议报告。

这次报告的核心内容是明确提出优先建造攻击型核潜艇（反潜鱼雷核潜艇），先取得攻击型核潜艇设计建造经验及核反应堆用于核潜艇的成功经验，再研制弹道导弹核潜艇。

因为1958年决策层决定研制核潜艇时，曾确定工程目标是研制弹道导弹核潜艇，其后的所有研究工作都是围绕弹

攻击型核潜艇 3D 模型

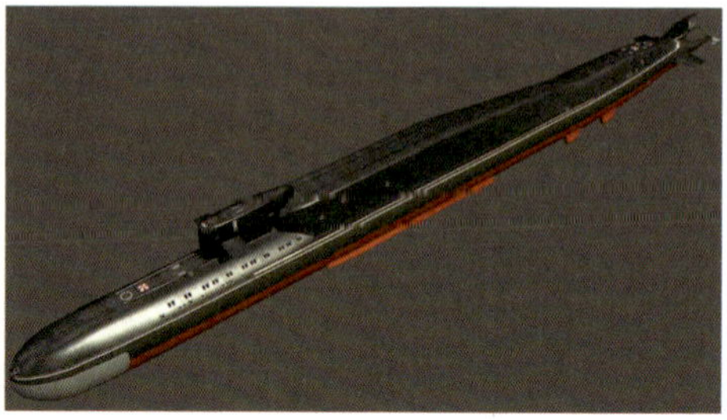

弹道导弹核潜艇模型

道导弹核潜艇展开的。黄旭华总结之前七年研究的经验教训，参考美苏核潜艇发展的规律，认为从技术层面而言，从战术性攻击型核潜艇到战略性弹道导弹核潜艇的研制过程是符合科学与技术发展规律的。优先研制攻击型核潜艇的技术路线，在他们起草的建议核潜艇研制恢复上马的报告中就已经提及，这次的报告就更加明确了这个问题。

这份报告如实向中央专委陈述了原因：从技术层面看，如果先研制弹道导弹核潜艇，除了需要解决攻击型核潜艇的所有技术问题之外，还需要解决与导弹配套的发射装置、射击指挥仪和惯性导航仪等，而这些技术与设备攻关难度太大，耗时费力；从军事角度看，对付敌人弹道导弹核潜艇最有力的武器就是攻击型核潜艇。因此，先研制战术性核潜艇，再研制战略性核潜艇，既能从实际出发、满足现实的军事需求，又符合科学研究的规律，确保核潜艇研制顺利推进。

该报告还拟定了第一艘核潜艇研制的三项原则，供决策层审定。

第一，所有工作大力协同。在中央专委和国防工办党委领导下，各参研及协作单位密切协同，共同攻关。

第二，立足国内，从实际出发。分两步走，先研制反潜鱼雷核潜艇，然后搞导弹核潜艇。

第三，兼顾试验与应用。重点攻关核动力装置应用于潜艇的技术问题，同时在主要技术性能上满足海军提出的战术要求，使第一艘核潜艇既是试验艇又是战斗艇。

报告的最后，就工程进度、系统分工、技术力量的调配、研制经费等问题提出了具体的解决方案。

黄旭华认为，这份报告很有分量和价值，讲政治讲科学、有理论有技术、有方案有计划、有方法有步骤，给中央专委决策提供了可信、可靠的依据。后来，攻击型核潜艇的实际研制过程与这份报告大体一致，可见这份报告的科学性。

1965 年 8 月 9—10 日，周恩来主持召开了中央专委第十三次会议，会议同意报告所提出的核潜艇研制方向、步骤及第一艘核潜艇研制、设计、制造的三项原则。在同意该报告的同时，明确提出第一艘核潜艇在 1972 年下水试航的目标。会后，中央专委雷厉风行地连发 7 个通知，安排和落实核潜艇首艇研制的相关工作。

1965 年的中央专委第十三次会议，标志着我国第一代核潜艇研制再次全面启动，是我国核潜艇发展史上的科学转折点，也是我国核潜艇发展史的重要坐标点。

理性妥协　确定艇型

核潜艇总体研究设计所成立后，即开始从北京向葫芦岛搬迁，着手葫芦岛的建设工作。为了不影响核潜艇的研究设计，保证建设搬迁阶段的正常研制工作，总体所在北京和大连两地分别成立北京工作组和大连工作组。北京工作组以在北京的原715所的同志为主体，吸收部分七院十二室的同志组成。黄旭华负责北京工作组的工作，当时的主要任务就是确定首艘攻击型核潜艇“09–I”（后改称“091”）的总体方案，并对方案进行专题论证。

20世纪60年代的葫芦岛

论证的专题有三项：一是“091”首艇的线型；二是“091”首艇的战术技术指标；三是拟定核潜艇配套设备清单。据钱凌白回忆，他当时就是在黄旭华的指导下，承担“091”首艇的总体方案和总体性能方面的研究与设计工作。

1965年8月25日，总体所北京工作组初步完成“091”首艇总体方案的设计与论证工作后，六机部即在京组织海军及部分研究院所对总体方案进行会审，史称核潜艇研制“825”会议。黄旭华在会上具体报告“091”首艇的总体方案，尤子平详细陈述《核潜艇战役战术性能建议书》，海军基于技战术的需要提出了具体要求，其他研究机构也对方案和性能指标提出了完善建议。审定结束，黄旭华、尤子平等对方案进行完善后即上报国防科委。

1965 年 9 月，国防科委再次组织海军、总参作战部、工业部有关部门和相关研究院所的负责人及专家，对六机部上报的“091”首艇的总体方案进行会审，并就反潜鱼雷核潜艇战术技术性能等问题进行讨论，最终形成了《反潜鱼雷核潜艇战役战术技术主要指标》，上报中央军委，同时为“091”首艇的正式研制提供战术技术依据和基础数据。

“091”首艇进入初步设计阶段时，由于艇型不确定，使得初步设计无法继续进行。“091”首艇的水滴线型与常规线型（也称普通线型）之争也因此拉开序幕。

其实“09”工程一开始就在核潜艇的线型问题上徘徊不已。原核潜艇总体设计组在 1958 年 10 月提出的五个总体设计方案中，有三个常规线型、两个水滴线型。当时常规线型多出一个备选，表明核潜艇总体设计组比较倾向于常规线型，

水滴线型潜艇

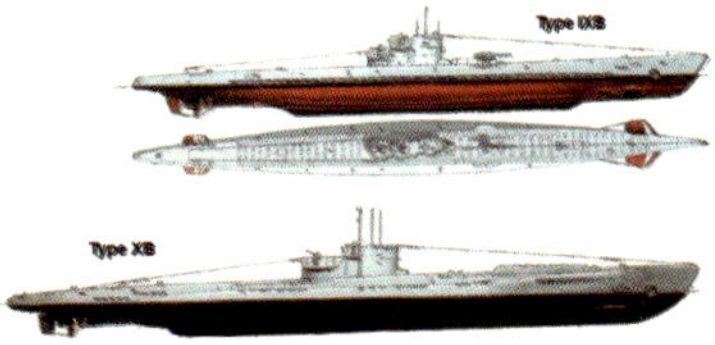

常规线型潜艇

并在该线型上投入了更多的研究。

1966年1月，“091”首艇总体的第一张设计图纸出来了，使用的是在役常规动力潜艇的这种普通线型，常规线型一开始占据上风。可黄旭华对此一直持不同的意见，他一开始就钟情于水滴线型。1959—1961年，在黄旭华负责的上海交通大学及702所的无数次水池试验中，他和钱凌白都对水滴线型做了大量的验证性试验。虽说当时的试验大部分是定性的，试验水池及测试条件不尽理想，但他还是通过已经取得的试验结果和数据确认水滴线型具有较明显的优势。

基于前期的试验结果，加上当时世界上最先进的核潜艇均采用水滴线型，因此黄旭华主张“091”首艇选用水滴线型。黄旭华及水滴线型的支持者认为，常规线型核动力潜艇不适合在水下300米及更大深度上高速航行，而使用任意横截面都是圆形的具有流线型的水滴线型或“鲸型”则不仅摩擦阻力最小，而且在大潜深时具备很好的机动性和稳定性。水滴线型核潜艇虽然在水面上操纵性能不如常规线型核潜艇，但其水下战术技术性能却优越很多，而核潜艇的作战及威力优势正是在水下展现的。

黄旭华钟情于水滴线型艇体

美国的核潜艇研制是分为三步进行的。首先，建造一艘水滴线型常规动力潜艇，解决设计问题；其次，把核动力装置装在常规线型的潜艇上，解决核动力问题；最后，把水滴线型应用到核动力潜艇上。而苏联研制核潜艇所走的道路则更加曲折，早期采用混合线型，后来才过渡到水滴线型。鉴于此，倾向于先常规线型再水滴线型的分阶段研制核潜艇方案的领导者及技术人员的忧虑在于：对于一个缺乏先进工业技术和潜艇设计制造经验以及缺乏相关专业的科技人员的国家而言，把第一艘核潜艇设计成先进的水滴线型，这可能吗？！

为此，核潜艇总体研究设计所在这个问题上采取了客观、科学和审慎的方法。1966年初，既为了充分发扬民主，也为了集思广益，总体所就核潜艇线型及系统功能设计开展了技术“鸣放”大辩论。这次的“鸣放”大辩论非常热烈和自由，每一种技术主张者都在充分陈述自己的建议、商榷他人观点；每一种技术主张者也都可以在“鸣放”大辩论上论证自己技术的可行性、质疑他方技术的缺陷。水滴线型是这次“鸣放”大辩论的焦点，以黄旭华、钱凌白为代表的水滴线型的支持者多次在“鸣放”大辩论上耐心地向同事们阐述首艇采用水滴线型的可行性，并就水滴线型的总体方案及方案审查报告进行了介绍。

为了取得更加翔实的水滴线型适航技术数据，更进一步验证水滴线型的优势，黄旭华和钱凌白又多次带领人马去702所，在新建的大型兴波水池和风洞里对水滴线型做了一系列的流体力学试验，取得了宝贵的试验数据，再次证明了水滴线型的优越性。

兴波水池

试验风洞

但黄旭华充分理解和尊重主张首艇采用常规线型同事们的顾虑，确保首艇在1972年顺利下水是压倒一切的政治任务。在当时，解决核潜艇“有”和“无”的问题，远比第一艘核潜艇是否先进更具有现实意义。

最终，黄旭华非常理性地妥协了，同意在首艇的研制上采取相对保守的技术策略，这样既容易成功，又让大家乐于接受，更重要的是可以保证按时完成任务。

在取得一致意见后，“091”首艇设计进入实质阶段。1966年11月，核潜艇总体研究设计所完成了第一艘常规线型攻击型核潜艇的设计方案。方案包含各种图纸资料103份，初步落实了核潜艇的主要尺寸、主要参数和总体布置，确定了需要配套的主要设备。方案成形后，上报至七院及六机部，随即得到批准。

可就在大家都以为此事已尘埃落定时，却突然峰回路转，出现了戏剧性的变化。

1966年12月初，最高决策层工作任务调整，核潜艇研制最初的倡导者和决策者聂荣臻元帅分管国防科委的工作。

聂荣臻元帅对核潜艇研制尤其关心，当他从国防科委负责该工程的同志那里了解到核潜艇的艇型之争后，感到事关重大，立刻在 1966 年 12 月 7 日召集七院、六机部的相关人员召开会议，重新讨论核潜艇艇型与型号问题。

陈右铭

会上，时任六机部核潜艇工程领导小组办公室主任、七院领导陈右铭同志详细陈述了水滴线型和常规线型艇型之争的始末及两种观点的理由。聂荣臻元帅听完后当即指出：“（第一艘核潜艇）不要采用常规潜艇的艇型，要重新设计，不然搞得两不像，既不像常规潜艇，又不像核潜艇。”

聂荣臻元帅的权威与决定自然毋庸置疑，常规线型方案立刻被推翻，大家的注意力迅速集中到水滴线型上。三天后，聂荣臻元帅指示黄旭华等高级专家们继续在北京饭店开会，要求他们对原方案进行修改与审查，并将新的方案上报中央。由于此前水滴线型方案已经成熟，新的设计方案很快成形。几天后，“091”首艇新的水滴线型设计方案呈送到聂荣臻元帅案前。聂荣臻元帅阅后即上报至中央军委和中央专委，中央专委即于 12 月 22 日撤销了 11 月的决定，正式批准了水滴线型的设计方案，并要求第一艘攻击型核潜艇提前于 1970 年下水试验。中央军委批准了有关战术技术主要指标。

对于这场核潜艇艇型之争，黄旭华并不愿意过多谈及。在他看来，这仅仅是一次正常的学术争鸣，争鸣的结果只是让水滴线型更加成熟，不存在谁胜谁败或者谁更有远见卓识的问题。

“七朵金花” 逐项突破

经过1966年的“鸣放”大辩论，核潜艇总体研究设计所明确了核潜艇研制的七大关键技术攻关项目。黄旭华等领导者极富革命浪漫主义，形象地将其称为“七朵金花”。

第一朵金花——核动力装置

早期的潜艇都是柴电潜艇，即常规潜艇，动力装置是柴油机和发电机。柴电潜艇需要定期上“浮”充电，补充空气，添加燃料。核潜艇与常规潜艇相比，几乎不用添加燃料，不需要外界空气，可以像凶猛的鲨鱼一样长久地潜“伏”在海里等待猎物。这“浮”和“伏”的差别，决定了常规潜艇和核潜艇在隐蔽性、续航能力及战斗威力上的巨大差异。

核反应堆一直是与核潜艇总体并列的两大核心攻关项目，经历了从陆上模式堆到船用堆的研制过程。彭士禄、赵仁恺

四川某地核潜艇陆上模式堆厂址（旧址）

和张金麟在核动力装置的研制上做出了巨大的贡献和牺牲。核潜艇工程恢复上马后，在中央专委的直接部署下，位于四川某地 909 基地的陆上模式堆的建设迅速启动，在各方支持下建设顺利，各种技术难关相继突破。与此同时，核反应堆建设所需的三种关键性稀有金属铀、锆和铪的制备技术顺利取得突破，核动力装置的研制总体进展顺利，为“091”首艇的下水试验及后续其他类型核潜艇的研制奠定了较好的技术基础。

我国第二代核潜艇总设计师张金麟院士也参与了核动力研究，他高度评价了我国核潜艇动力装置——船用核反应堆的研制。张金麟院士表示，我国核潜艇动力装置研制所走的弯路并不多，技术路线合理，功能比较先进，为我国核动力装置在核潜艇及其他运载工具上的运用提供了宝贵的经验，而更为重要的一点是，船用核反应堆的研制也为我国民用核能的发展奠定了技术基础。彭士禄院士、赵仁恺院士及张金麟院士就是在船用核反应堆技术取得突破及逐步成熟后，在国家有关部门的指示下，继续领衔开创了我国民用核能技术。我国早期的秦山核电站、大亚湾核电站都留下了核潜艇人的技术和身影。

20 世纪 60 年代参加“091”核动力研制时的张金麟院士

与动力所研究反应堆的功率及建造技术不同，总体所侧重于核动力装置在核潜艇总体结构上的布局及安装问题，不同的布局方式对核潜艇性能的影响，包括一回路、二回路的设计及核辐射屏蔽等技术问题。

第二朵金花——艇型及操控设计

艇型是决定核潜艇技术、战术性能的首要因素。“091”首艇的艇型设计历经水滴线型和常规线型之争、之选，虽然最终因为聂荣臻元帅的果断拍板而尘埃落定，但这也给黄旭华等支持水滴线型的技术人员带来更大的压力。只能优化成功，不能失败，否则没法交代。在大潜深、高航速及长航时，水滴线型的确具有比常规线型更大的优势，但水滴线型对黄旭华等人来说，也是前所未有、无法借鉴的，设计研制难度超乎想象。

为了科学设计水滴线型核潜艇，黄旭华、尤子平带领闵耀元、陈源等设计人员，通过各种渠道广泛收集国内外有关资料并加以分析与论证，从中寻找启示与借鉴。同时加大技术试验力度，验证水滴线型设计思路，积累操纵性能的第一手资料。从 1966 年开始，总体所与七机部五院、702 所等科研部门通力合作，利用各型风洞、各型试验水池、各种流体动力性能试验设施、各种模拟操纵设备等，开展了大量的模型试验研究，对选定的方案与性能设计做验证性试验。此外，他们积极组织、委托开展了十多项专题研究，探索了新的设计计算方法。通过一系列精心组织的论证、研究与合作，黄旭华等人对水滴线型核潜艇的设计研制开始有了明确的思路，并且通过有针对性的理论研究与比较论证，以及大量的水池试验，提升了水滴线型的稳性及其操纵性技术方案，为“091”首艇的顺利研制提供了技术保障。

第三朵金花——艇体结构

核潜艇艇体结构既是核潜艇极限下潜的保证，也是核潜艇实现战略、战术意图的必要保障。

由于动力装置、武器平台、技战术性能的差异，核潜艇相对于常规潜艇而言，极限下潜深度更大、内部舱室数量更多、舱室体积也更大，因此核潜艇的直径和排水量通常比常规潜艇大很多，再加上大潜深，核潜艇的艇体结构强度就要远远超出常规潜艇。黄旭华等设计人员对艇体结构的选择与设计有着深刻的认识，明白艇体结构设计对于核潜艇水下安全及战略战术保障的重要意义，稍有疏忽，必将导致灭顶之灾。故此，将这个问题列为重点攻关项目也就顺理成章了。在这个问题的攻关与处理上，黄旭华、尤子平、钱凌白、宋学斌、赵建华等设计人员无疑是成功的。无论是首艘攻击型核潜艇，还是后续的弹道导弹核潜艇，他们都立足技战术需求，基于当时我国材料科学的状况，科学选定和设计了“091”核潜艇的双壳体艇体结构，不仅完全达到了技战术目标，还确保了核潜艇航行及艇员的生命安全，并顺利通过了后期极限深度下潜试验的检验。

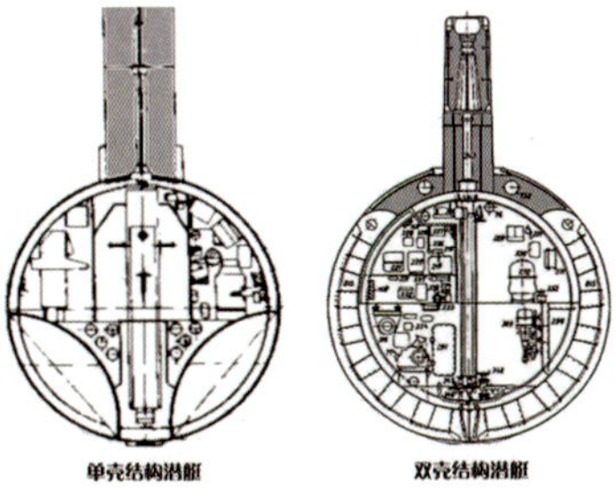

潜艇的单双壳体结构

第四朵金花——水声系统

核潜艇归根到底是一个武器平台，无论攻击还是防御都需要知道敌人在哪里，否则就只能被动挨打。“091”首艇是攻击型核潜艇，先敌发现是攻击的最基本要求，因此必须有一副灵敏的耳朵。这副耳朵其实就是主动声呐和被动声呐，通过远距离噪声测向，搜索与跟踪本艇周遭的噪声目标并测出方位，同时将目标数据传送至武器系统实施跟踪或者攻击。

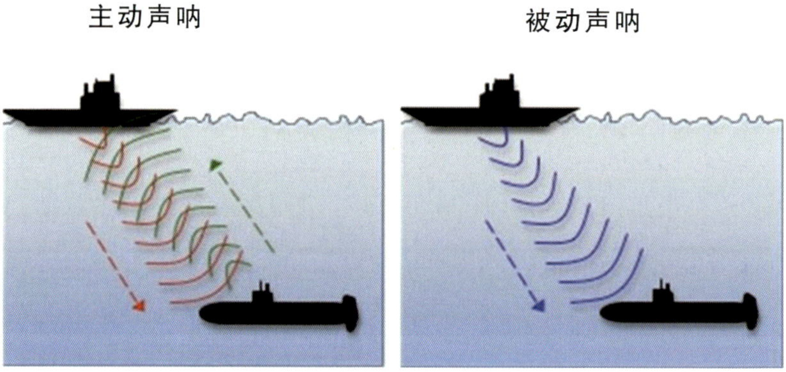

核潜艇主动声呐和被动声呐原理图

黄旭华非常重视水声系统的研制。1965 年底，黄旭华得知武汉洪山宾馆将召开全国第一次水声会议，立刻让宋学斌、苏绍宗等四位同志做好参会准备，并准备好与会材料。在这次会议上，黄旭华带领宋学斌、苏绍宗等同志，同来自全国声学所、相关院校的专家，100 多人共同讨论、论证“091”首艇水声配套方案和布置方案。黄旭华、宋学斌等人认真听取各位专家的意见，晚上还与他们一起研究方案、比较优劣、综合评估，为水声系统的最终设计做了大量的准备与论证。试验证明，“091”首艇及后续型号的核潜艇水声系统完全达到甚至超出预期的目标，满足了海军提出的技战术需要。

第五朵金花——（鱼雷）武器系统

“091”首艇是攻击型核潜艇，配备的武器系统是鱼雷。虽然鱼雷武器系统是由配套单位研制的，但总体所必须研究鱼雷及发射控制系统的布置、核潜艇战斗部的设计及攻击时核潜艇的战斗姿态控制问题。这个问题虽然看似简单，但我国从未有过核潜艇设计与制造经验，想把这个问题处理好，同样需要与配套单位密切协作、科学设计，从而完备核潜艇攻击时的技战术性能，发挥鱼雷攻击系统的威力。同时，武器系统的布置及核潜艇姿态控制，不仅要立足当时的鱼雷系统，还要考虑未来型号多元武器系统（战略性潜射洲际导弹、战术性巡航导弹等）布置的需要。

核潜艇鱼雷及发射系统

第六朵金花——综合空调系统

为了最大限度地发挥战略战术威力，核潜艇需要在大潜深中保持长时间（可能达数月）的隐蔽或者潜航，这就对艇内空调系统的布置提出了极高要求。核潜

“091”首艇“401”核潜艇船员生活舱

艇综合空调系统包括氧气制备装置、二氧化碳吸收清除装置、有害气体吸附转换装置、颗粒物过滤净化器、空气成分监测报警系统和大功率艇用制冷机组等主要设备仪器，核心装置还必须有备份系统。综合空调系统应尽可能为艇员营造舒适的生活、生存及战斗值班环境。

第七朵金花——惯性导航与通信系统

核潜艇在大潜深航行时要知道自己在什么地方及航行的方向，在战斗时要知道敌我位置并进行敌我识别，就需要精确的导航及定位技术系统。飞机及水面舰艇使用的常规导航方式与技术无法满足核潜艇的需要，唯一可以深度定位、安全隐蔽航行的就只有惯性导航系统。惯性导航技术依靠惯性元件导航，工作系统完全独立，能够给核潜艇提供良好的隐蔽性。但是我国当时并未完全掌握该项技术，虽然相关技术由707所等配套单位研制，但黄旭华他们也需要解决惯性导航系统的部署及与核潜艇总体的集成与应用问题。经过多年的技术攻关，我国首艘核潜艇在下水后不久便装上了自主研制的惯性导航系统。

潜艇惯性导航仪

另外，核潜艇在大潜深隐蔽与航行时，其他常规的通信系统都会失去效能，只有长波技术才能实现通信联络，而我国当时同样没有掌握长波通信技术。黄旭华等人通过充分的技术论证与联合攻关，最终在首艘核潜艇下水之前成功解决了核潜艇通信问题。

1987 年，黄旭华在与作家祖慰先生的交流中，充分肯定了当年“七朵金花”的绽放历程及其历史地位。首先，黄旭华认为“七朵金花”体现了学术自由，激发了每一位设计师的聪明才智。当年总体所开展技术“鸣放”大辩论，没有先决条件，不设学术禁锢，提倡“创作自由”，允许学术争鸣。其次，通过“鸣放”大辩论真正达到了集思广益的目的，让过去很多模糊的问题通过技术争鸣、思想碰撞变得清晰具体，而且都有了相应的技术建议和解决方案。最后，从今天的学术思想来看，“七朵金花”作为一代核潜艇人的技术及思想结晶，符合系统工程的理论，为我国核潜艇的研制贡献了成套的技术成果与思维方法。

借鉴玩具　建造艇模

在科学研究上，尤其是工程科学中，模型的作用向来是关键且不可替代的。模型直观明了，既能验证设计，又能辅助制造。在我国核潜艇的研制过程中，模型就起到了很大的作用，黄旭华甚至因此产生了模型情结。

黄旭华端详核潜艇模型

他人只要走进黄旭华办公室，立刻就会被几个核潜艇的模型所吸引。了

解黄旭华的人都知道，黄旭华一直就有端详核潜艇模型的习惯。核潜艇研制工程自 1958 年启动以来，黄旭华等设计人员就非常渴望拥有一个核潜艇模型。

“09”工程恢复上马以后，工作进程明显加快。到 1967 年初，核潜艇即将进入技术设计阶段，可黄旭华等人的心里还是没有底，急切希望知道核潜艇到底是一个什么样子，好让他们的设计有一个基本的参考。直到终于有机会见到传说中的“核潜艇”——两个一大一小的核潜艇玩具。

20 世纪 60 年代初，一对外交官夫妇在回国去机场的途中，停留于一家超级市场购物时，瞅见一对美国夫妻和孩子正围着一个铁灰色的金属玩具指指点点，顿时产生了兴趣，一问才知道是核潜艇的玩具模型，售价 1.95 美元。在了解到这是仿造美国当时最具威慑力的高科技武器——核潜艇而制作的玩具模型时，外交官夫妇立刻决定买一个带回国，作为送给孩子的礼物。由于这个玩具模型太过罕见，核潜艇研制工程的人得知此事后，说服外交官夫妇捐出了这个核潜艇玩具模型，并专程送到了葫芦岛的总体所。

1966 年前后，六机部组织的一个外事代表团在香港中转，有人在一家商店购物时也看到一个核潜艇玩具模型，于是当机立断把那个模型买了回来，并由六机部转交给总体所。

总体所所长夏桐拿到这两个玩具模型时高兴得跳了起来，他如获至宝，反复端详，做了几年的核潜艇设计，这才第一次见到“真的”核潜艇。等模型到黄旭华等设计人员的手中时，那更是喜出望外，如沐甘霖。

黄旭华回忆道，两个玩具模型一大一小，外形一模一样，全用铁皮制作，通体咖啡色和铁灰色相间，后来知道那是美国 Renwal 公司生产的 20 世纪 60 年代建造的世界上第一艘弹道导弹核潜艇“乔治 · 华盛顿号”1∶200 全内构玩具模型，艇型正是黄旭华所钟爱的水滴线型。其中，较大的玩具模型相对高级，火箭发射筒和各舱室还可装卸，小的则是一个整体。黄旭华等设计人员立刻将大玩具模型大卸八块，测量、记录、绘图，反复拆装，再把他们的设计拿来比对、研究。

这两个核潜艇玩具模型，不论是外形还是内部结构，都具有较高的还原度，对他们的设计起到了很好的借鉴和验证作用。通过对这两个玩具模型的研究，黄旭华等设计人员发

“乔治 · 华盛顿号”弹道导弹核潜艇

现他们对核潜艇的认识、对“091”首艇的设计思路基本是正确的。这样一来，他们心里更加有底，更加踏实，对未来的研制工作也更加有信心了。

后来，总体所把大的核潜艇玩具模型送到上海的一家模型厂，要求他们按照比例进一步放大，做一个更大的核潜艇模型。可是，由于“文化大革命”的影响，总体所及上海的那家模型厂都受到极大的冲击，两个玩具模型相继丢失、不知所终，就连一张照片也没有留下。为此，黄旭华等设计人员都痛惜不已。

建立模型，进而通过对模型及其运动特征的研究，来揭示研究对象及其运动属性、特点、变化规律，是科学研究的基本方法之一。黄旭华在几十年研制核潜艇的生涯中，一直重视模型的作用，并合理运用模型解决和验证了核潜艇设计中的许多问题。

1959—1961 年，黄旭华受总体所张景诚指派，带领钱凌白等技术人员制作了简单的潜艇模型，在上海交通大学及 708 所的小型试验水池中以潜水拖曳的方式模拟潜艇的航行，以此测试潜艇的水动力性能，为当时的设计提供了直接的试验数据。

在水滴线型和常规线型的艇型之争中，黄旭华最终运用模型试验的方式验证了水滴线型的先进性。

起初，黄旭华等人用石蜡核潜艇模型进行试验，但发现石蜡模型存在气泡等较大问题，试验及测试没有取得成功。之后，他们按照核潜艇的设计长度，以 1∶25 的比例制作了木材模型进行试验，但木材的特性及比重与金属存在较大差异，试验仅取得一些意义不太大的定性结果。最后，黄旭华干脆让配套单位用金属做了一个25米长的水滴线型试验（模型）艇，这是一艘货真价实的、有动力驱动的模型艇，可驾驶操控，但只能容纳驾驶员一个人。由于当时缺乏相应的测试仪器设备，就动员了一位名叫韩文远的海军潜艇艇长，让他来驾驶该试验（模型）艇在海里潜航，通过身体的实际体验来验证水滴线型的特点。韩文远艇长很欣赏这个迷你水滴线型潜艇，驾驶它在海里反复航行试验，上岸后立刻对黄旭华竖起了大拇指，告诉黄旭华水滴线型艇型在水下有着比常规线型潜艇更好的操纵性和高速性。虽然没有仪器设备测量的准确数据，但驾驶员的亲身体会和比较结论足以坚定黄旭华对水滴线型的信心。

1967年初，“091”首艇建造在即，如此庞大的核潜艇艇体，如此繁多的各类配套设备，尽管设计已经反复审核，可是大量的设备怎样集成与安装、安装施工怎样实施、安装后的效果是否符合预期、艇员怎样生活与战斗值班、怎样维修保养，都是未知数。为了保证核潜艇建造、设备安装、维修保养、艇员战斗值班及生活空间布置的合理性，经黄旭华、宋学斌等人提议，宋文荣所长决定在比邻总体所的核潜艇总体建造厂建造一个与核潜艇设计尺寸相当的1∶1实体模型，以此来验证和指导核潜艇的总体布置及施工设计。

这个1∶1实体模型由总体所、核潜艇总体建造厂及核动力研究所三家联合设计，总体所总体组组长宋学斌负责建造任务。全艇中包括核动力堆在内的大小数以万计的机电设备、仪器仪表及管道电缆等，由北京、锦州、大连等地的配套模型厂按照图纸的规格和要求进行加工。宋学斌回忆道，黄旭华和尤子平两位副总工程师要求按照实战标准重视模型的建造，他们俩不仅对模型的设计与组装提出了许多意见和建议，还多次亲临模型制造车间现场协调矛盾、指导设计与施工。

这个模型的建造不亚于建造一艘真的核潜艇，历时两年多，耗资 300 万元。它以木材为主体，结合廉价的硬纸板、塑料管、金属皮制成。这个全尺寸“木核潜艇”相当逼真，乍一看以为是一艘真的核潜艇，1∶1 的木质外壳，内部布置了核潜艇的所有舱室，舱室里“设备”齐全，“电缆、管道”纵横交错。

据黄旭华、宋学斌回忆，这个全尺寸模型功不可没。以前只能在图纸上凭借想象进行设计，现在可以模拟真实的核潜艇进行安装，寻找每一台设备的最佳固定位置、探索舱内

核潜艇舱室内密密麻麻的阀门与管线

使用空间的最大化、调整出各种管道电缆的最佳布置及穿越路线。设计师、工程师、军代表现场配合与协商，现场设计、模拟安装、模拟操作、模拟保养与维修，发现并解决了大量诸如总体布置、设备安装与维修、航行操作及战斗值班环境设置等方面的问题，从而进一步完善与优化设计，确定了舱室布置、设备安装、管线走向、耐压艇壳上1000多个开孔及“马脚”（管道、电缆的固定和紧固器件）的具体位置，协调与兼顾了设计、制造、使用、维护等各方面的诉求。

为了控制核潜艇的重心及重量，保证核潜艇的操控性能，黄旭华等设计师们必须精确控制每一台（套）配套设备浮容积、重量及重心位置，包括每一根电缆。虽然当时不具备先进的设施设备及仪器仪表，但黄旭华等总体所的设计师们充分发挥了各自的聪明才智，采用最古老的方法进行测量，甚至用上了原始的算盘和磅秤，在核潜艇模型的舱室内对每台模拟设备称重、测量浮容积、计算重心，然后一一备案，安装时切下的边角废料、管道电缆也要过秤，并从总重量中扣除，从而保证重量与重心得以控制。

后来在首艘核潜艇的建造过程中，实际设备安装中就直接沿用了这种方法，几乎重复了一遍在模型上所进行过的流程，不仅保证了首艇设备安装的顺利完成，而且顺利实现了对核潜艇总体重心及总重量的控制，首艇的操控性能完全达到设计目标。

有了这个全尺寸核潜艇模型，所有施工设计得以定型，全套施工图顺利出图，“091”首艇的建造有了试验的样板和参考，建造条件逐渐成熟。

以黄旭华、宋学斌为代表的第一代核潜艇人对这个 1∶1 模型在“091”首艇设计建造中的作用均给予了高度评价。他们认为如果没有这个模型的帮助，“091”首艇的建造肯定会经受更多的反复和波折，几乎不可能在1970年如期下水。

搬迁荒岛　力克艰难

自 1965 年 6 月起，位于渤海之滨葫芦岛的总体所一直处于边建设、边搬迁、边工作的状态。黄旭华这段时间也是在北京和葫芦岛两地奔波。总体所一宣布成立，他即受领导指派赶赴葫芦岛，参与组织与协调总体所的建设工作。但作为北京工作组负责人，黄旭华又得经常赶回北京，主持北京工作组的核潜艇研制工作。

当时总体所的建设速度很快，比邻的核潜艇总体建造厂全力支持总体所的建设工作，腾出两栋三层的专家楼给总体所作为办公用房。在中央和有关各方的共同协助下，总体所很快初具规模，并于 1965 年 10 月 6 日在葫芦岛召开正式成立大会。七院院长于笑虹将军到场主持并发表讲话，勉励总体所的全体同志不负党和人民的重托，为我国的核

转入 719 所的原造船技术研究室人员合影（右三为黄旭华）

潜艇早日下水努力工作。

总体所在葫芦岛正式成立后，大规模的搬迁工作随即展开。当时所领导对搬迁工作有顾虑，担心搬迁工作会遇到很大的阻力。虽然上级机关对搬迁工作很支持，尽可能提供各种帮助，原715所、701所也大力协助，但由于葫芦岛当时几乎是一座荒岛，生活配套设施不全，气候恶劣、条件艰苦，且原来715所在北京、七院12室在大连，两地的工作生活条件自然要优越得多，现在要搬迁到偏远落后的葫芦岛，干部及家属会有抵触或者怨言。但是，搬迁决定宣布后，干部人人表态坚决服从上级命令，干部家属也没有表现出明显的怨言，而是积极行动、配合搬迁。

总体所成立之初，李世英由于工作的需要加上有孕在身，暂时留在北京工作组工作。1966年4月初，李世英回上海母亲家待产，黄旭华只好把大女儿接到葫芦岛，请一位叫徐春风的同志帮助照看。4月8日，李世英在上海生下了他们的第二个女儿，黄旭华决定让孩子随夫人的姓氏，取名李骊。由于黄旭华、李世英工作繁忙，李骊一直留在上海由外婆抚养，仅在葫芦岛小住过一段时间。1966年底，李世英调到葫芦岛，一家人才再次团聚，并与所里的政工干部马干夫妇合住一套房子，马干夫妇住外间，黄旭华一家住里间，厕所

黄旭华一家在葫芦岛的合影

和厨房共用。

葫芦岛作为核潜艇建造及试验基地，地理条件特别优越，港内水深大、水域阔、航行通畅，冬季海水冻而不坚，适宜四季作业，这也是核潜艇总体建造厂、核潜艇总体研究设计所都先后选址于此的主要原因。

然而，20 世纪 60 年代的葫芦岛还是一座荒凉的岛屿，总体所的具体位置在岛上滨海的望海寺，位置更加偏僻。当时，岛上除了一点简单的港口设施，什么也没有，基本的工作及生活配套设施几乎没有。虽说适宜研制、建造核潜艇，但对于研究者的生活而言，实在是一个极其窘迫的所在。

首先，自然环境很恶劣。

黄旭华等总体所的老职工们回忆，第一次踏上葫芦岛时心里着实有些发凉，岛上荒芜凄凉、狂风肆虐、乱草丛生、人迹罕至。这样的自然环境，让久居城市的人着实有些瞠目结舌，一下子难以适应。当时当地有一首打油诗，很形象地反映了葫芦岛当时的状况：

葫芦岛、葫芦岛，两头大、中间小，风沙多、姑娘少，兔子野鸡满山跑。

冬季是葫芦岛最严酷的季节。不仅气温极低，冰天雪地、呵气成霜，而且寒风凛冽，不论穿得多厚，都能吹个透心凉。总体所的同志们戏谑地回顾说，葫芦岛是“一年两次风，一次刮半年”。

其次，生活条件太艰苦。

当时的葫芦岛不仅自然环境恶劣，生活条件也非常艰苦。

大家从条件相对优裕的北京、大连来到这个荒凉偏僻的小岛，生活极不适应。衣、食、住、行中食为先，最难过的就是吃饭关。当时的主食供应中面粉极少，大多是高粱米和玉米粉，大家完全吃不习惯，尤其是来自南方吃惯大米的同志更是苦不堪言，刚吃这些粗粮时咽都咽不下去。蔬菜供应稀缺，品种也少，一年到头都是白菜、萝卜和土豆，水果就更谈不上，压根就没见过。黄旭华回忆道，葫芦岛的伙食基本上“中午是白菜炒土豆，晚上是土豆炒白菜”。

总体所副总工程师尤子平对当时葫芦岛的生活有过这样一段描述：

> 当时那里风沙大，荒寂冷清，生活很艰苦，连自来水都供应紧张，生活区白天不供水，晚上才来一点，大家用盆盆罐罐接水备用。吃的是带糠的高粱米，定量少得可怜的一点玉米粉也是稀罕之物，每人每月三两油的供应一直维持了十来年，蔬菜几乎绝了迹。有一年春节将至，副食品商店门口居然贴出大张红纸，赫然写着：“欢度春节，每人供应红方一块”（红方即酱豆腐），可见当时物资供应之匮乏。

核潜艇研制工程浩大、配套复杂，葫芦岛地处偏僻，总体所的同志们因为工作的需要出差比较多，这客观上成了职工家属适当解决生活困难的一种途径，同时也成了出差同志除了完成本职工作之外的另外一项重要任务。

黄旭华回忆道，不论哪个同志出差前，都要用一张纸登

记好自家及同事们需要采购货物的清单，出发时大家满怀殷切的期望，浩浩荡荡地送其到火车站。出差回来时，大家又蜂拥至火车站接人。火车一进站，出差归来的同志就打开车窗往下扔东西，同事及家属就大袋、小袋拿着自己家委托购回来的货物回家，货物基本都是生活必需品，比如猪肉、猪油、大米、挂面、酱油、饼干、鸡蛋等。

当时在总体所还流传着一句顺口溜，生动地描述了同志们出差出发及归来的滑稽场景：

离开时像兔子，采购时像疯子，回来时像骡子，

到家一甩像沙子，报账时像傻子。

当时还有同志统计过，说那时出差带回来的东西平均重量是 150 斤。有一位同志出差回来时扛着、背着、拎着一共 23 个行李袋，创造了总体所出差购物的最高纪录。

回忆起自己家的生活，黄旭华家里平时吃的是标准面，即掺杂了玉米粉、高粱米等杂粮的面粉。“大饼像锅盖，面条像皮带”就是形容这种面粉，无论做成大饼或者面条都很硬。油的供应规定是每人每月三两，但是经常短缺，有时甚至半年也吃不上一滴油。猪肉的供应也和油一样没有保障，时有时无。冬季来临，家家户户挖地窖，用来贮藏大白菜，几百斤、几百斤地贮藏。

黄旭华作为所领导，不仅毫无特权，自己更是以身作则，生活等各方面甚至比同事们更加清苦。黄旭华出差的机会也很多，可是他很忙，出差时几乎没有时间外出购物，因此别人出差回来还可以捎带一些生活必需品，黄旭华回来除了公

物，大部分时候都是两手空空。同事出差能带的东西毕竟有限，李世英也不好意思麻烦同事。到了冬季需要挖地窖贮藏大白菜时，对于既要忙工作又要带孩子的李世英来说更加分身乏术。所以挖的地窖有限，贮藏的大白菜不足，导致冬季时大白菜都得算计着吃。

不过，穷则思变，总体所的职工家属也依据条件改善着生活，典型的就是开始养鸡。大家春天买来鸡仔喂养，每天把鸡往海边赶，捞海藻让鸡吃，偶尔也添加一些玉米粉。他们养的鸡很争气，天天下蛋，在一定程度上改善了大家的生活。冬天，室外天寒地冻，就在窗户边垒个鸡窝，把烂了的大白菜剁碎了喂鸡，鸡也能下蛋。但是，最怕发鸡瘟，鸡瘟一来就得喂土霉素防治，但是鸡吃了土霉素就不再下蛋了，只有炖了吃的份。

至于住宿及办公条件，当时总体所的住房基本是临时搭建的半成品房，不仅极其简陋，而且冬季保暖效果很差。黄旭华一家人当时与马干同志一家合住在三楼。房间小、质量差，一年四季没自来水。每天必须多次上下楼端水、倒水。春夏秋三季还好说，最怕的就是冬天，大女儿燕妮个子小，端着水免不了泼泼洒洒，常常把楼下人家的地坪都弄湿了，湿了就结冰，走上去就容易摔跤。为此，黄旭华夫妇不知给楼下住的同事道歉过多少次，好在同事们都理解，从来没有

当年核潜艇设计现场

责怪过他们。

住宿条件差，办公条件也好不到哪里去。最初，总体所300多人挤在两幢狭小的三层楼里，连办公桌都摆不开。后来大家想了一个办法，实行移动办公。谁出差了，就把谁的桌子搬到外面堆着，回来了再把后面出差的人的桌子挪走，就这样轮流办公。

再次，生活配套设施严重不足。

当时的搬迁，总体所基本都是举家而至，家属们要工作，孩子们要上学，商业、文体娱乐也是生活中所不可或缺的。但是这些配套设施都没有。别的可以克服，但孩子们上学是大事，经过多方协调努力，最后安排孩子们去核潜艇总体建造厂简陋的子弟学校上学。

黄旭华的大女儿黄燕妮对在葫芦岛的生活记忆非常深刻，尤其是冬天在葫芦岛上学的情景，让她刻骨铭心，历久不忘。黄燕妮回忆道，当时整个葫芦岛只有一所规模很小的小学，是先期建设的核潜艇总体建造厂为解决子女读书而配套建设的，学校的选址很是奇怪，竟然位于两山之间的一个风口处。冬天，葫芦岛冰天雪地，刮起的大风如同刀子一样割在孩子们的脸上，嘴里呼出的气可在眼睫毛上结成冰。

黄旭华大女儿、719所职工黄燕妮讲述当年遇险经过

黄燕妮还讲述了一个她在冬天上学时死里逃生

的故事。一天放学时，黄燕妮见风雪太大，就和另外一个女孩子想抄近道快点回家。但是这条小路被厚厚的积雪覆盖了，两个孩子看不清路，只好深一脚浅一脚地在没膝深的雪地里爬行，最后根本走不动了，直到陷进齐胸口的雪坑里。如果不是大人及时赶到，后果不堪设想。几个大人把两个孩子抱回来时，李世英发现燕妮戴的头巾冻得像块钢板一样，靴子里倒出来的全是冰碴，更在端详孩子时，发现燕妮嘴唇乌紫、脸色发黑、浑身没有一丝热气，奄奄一息地一句话也说不出来。李世英见状赶紧把燕妮送往附近医院，医生诊断为严重肺炎，心脏也不好。李世英悉心照料着孩子，九天九夜没合眼、泪流不止。虽然燕妮最终脱离了危险，但自此体质变差了，还患上了严重的哮喘，一到冬天就犯，苦不堪言。

“文革”冲击　研制受挫

对于黄旭华来说，在葫芦岛最艰难的既不是恶劣的环境，也不是艰苦的生活，而是来自政治浪潮的冲击和莫须有的构陷。同时，他们还要在这种氛围中坚持核潜艇的研制。

1966年岁末，经聂荣臻元帅审定及中央专委批准的“091”首艇总体设计方案及初步设计基本完成，工作即将进入技术设计阶段。然而，就在这个关键时刻，国内政治风云剧变，“文化大革命”的冲击很快波及核潜艇工程，核潜艇的设计研制陷入了新的困境。

1966年底，总体所所长夏桐被关进牛棚接受改造，紧接

着钱凌白等一大批高级技术人员也被重点批判，核潜艇研制工作步履蹒跚、几近停滞。

1967 年初的一天，黄旭华在北京参加核潜艇工程协调会时，被当场抓了起来，并立刻押回了葫芦岛。回岛后，黄旭华即受到批判，还让他去养猪，接受革命改造。于是黄旭华白天养猪、修猪圈，晚上任劳任怨，和同事们一起研究问题，坚持着核潜艇的设计工作。

那段时间，在各种公开场合，黄旭华被三番五次地批判，甚至带回葫芦岛接受调查。在《报告文学》刊载的《核潜元勋陈右铭》一文中，有一段也回顾了黄旭华差点再一次被抓回葫芦岛的经历。

> 核潜艇总体所的所长和一名副总工程师先后靠边站了，设计任务主要就靠副总工程师黄旭华来完成了。
>
> 但是黄旭华的日子也不大好过。20 世纪 40 年代末，他在上海交通大学读书时，从事过地下党领导的对敌斗争。造反派因此说他是打进革命队伍的特务，要斗他。一次，黄旭华正在北京京西宾馆参加核潜艇方案审查和技术协调会议，造反派赶到北京，要把他揪回去批斗。如果把黄旭华再抓起来，总体设计就没人搞了，核潜艇工程也就完了。
>
> 造反派来北京抓黄旭华的时候，他们正在开会。陈右铭事先已经派了人在门口守着，特别交代：未经批准，任何人不准进来。这是绝密的会议。
>
> 造反派在外面闹起来，陈右铭就出来了。

陈右铭一看，领头的是海军某部一个老干部的女婿。陈右铭和他岳父很熟。他平时见了陈右铭叫陈叔叔。

陈右铭顿时火冒三丈，骂道：“你小子诚心叫我垮台呀！还叫黄旭华交代问题，你们那里几个领导全都去交代问题了，再叫他交代问题，你来设计核潜艇？你如果要把黄旭华靠边站了，核潜艇设计不出来，出了事故，你当心坐监狱！”

他大概没想到陈右铭会发这么大的火，一时有点不知所措。

陈右铭是熟人，又是长辈，他也不好意思过分反对，就带着一起来的人走了。

后来陈右铭到总体所去了，对军管会主任说：“‘09’是毛主席批准，总理亲自抓的，现在，关键在设计这个地方。这里的工作人员，没有经过研究，没有正式的材料，没有告诉我，就让他们靠边了，你们要负责的！”

之后，虽然在陈右铭等领导的保护下黄旭华受到的冲击逐渐减小，但是由于整体工作依然混乱，核潜艇的研制工作进展缓慢。

特别公函　保驾护航

面对乱局，时任国防科委“09”工程办公室主任的陈右铭，情急之下借鉴原子弹、氢弹研制时的做法，斗胆代中央军委起草一份《中共中央军委特别公函》（简称《特别公函》），并经国防科委副主任刘华清呈报给聂荣臻元帅。聂荣臻元帅义薄云天、甘担风险，于上报的当天，即1967年8月30日，以中央军委的名义签发了这份《特别公函》。

中共中央军委特别公函

我们伟大的导师、伟大的领袖、伟大的统帅、伟大的舵手毛主席教导我们：

“我们正在做我们的前人从来没有做过的极其光荣伟大的事业。

我们的目的一定要达到。

我们的目的一定能够达到。”

“〇九”工程是我们伟大领袖毛主席亲自批准的一项重要的国防尖端技术项目。这是党和人民交给我们的极其光荣而艰巨的政治任务。希望有关方面：高举毛泽东思想伟大红旗，突出无产阶级政治，努力活学活用毛主席著作；坚决贯彻执行毛主席提出的“**备战、备荒、为人民**”和“**抓革命，促生产**”的伟大方针；坚决贯彻执行毛主席的鼓足干劲，力争上游，奋发图强，自力更生，树雄心，立壮志，赶超世界先进科学技术水平的革命路线；群策群力，大力协同，排除万难，以“**只争朝夕**”的革命精神，保时间、保质量，圆满完成任务，夺取文化大革命和科研生产的双胜利。

中央军委

一九六七年八月三十日

《特别公函》一出，威力即刻显现，核潜艇研制工作逐渐恢复，虽然不能完全排除干扰，但涉及核潜艇研制的基本任务可以得到执行，大批的技术人员和工人都恢复正常工作，“091”首艇的研制在《特别公函》的护卫下重新步入正轨。

1967年是“091”首艇技术设计的关键之年，黄旭华在这一时期最为担心和强调的就是核潜艇的稳性设计。所谓稳性设计，就是要确保核潜艇在水面、水下“不翻、不沉、开得动”。

黄旭华回忆道，辛一心老师在交通大学首次给黄旭华他们讲授船体结构与建造课程时，就讲了一个故事。美国麻省理工学院造船专业的学生毕业时，校方会给每人赠送一枚戒指，戒指上面镌刻着“I/V”。I就是inertia，意即惯性，moment of inertia是惯性矩；V指的是体积。这枚刻有“I/V”字样的戒指就是告诫学子们，设计船舶的第一要务就是要保证船的稳性。

在经过无数次的论证与试验之后，黄旭华提出了一个稳性指标。低于这个指标，稳性不够，艇的危险系数就高；高于这个指标，稳性是足够了，但是操控性和建造难度就太大了。

钱凌白认为黄旭华提出的稳性值比较客观，符合当时我国的设计及制造水平，也能满足“091”首艇的技战术要求。宋学斌也认为，我国几代核潜艇的稳性都非常出色，与黄旭华在“091”首艇设计时提出的稳性设计思想及确立的稳性指标有着直接的关系。

黄旭华认真审核“091”首艇的技术设计，发现该设计依然存在重心太高、稳性不够及容易超重的问题。于是和许君烈、钱凌白等人经过认真研究分析，大胆地、创造性地提出了改变核动力装置的配置结构及核辐射的屏蔽方式，从而达到降低全艇重心、提升稳性、减轻全艇重量的目标。经过进一步论证和试验，该方案得以实施，确保了“091”首艇稳性的进一步提升。

设计人员在一起学习交流技术问题

此后，黄旭华、尤子平又责成宋学斌、许君烈、钱凌白进一步优化总体设计，减轻核潜艇总体重量。于是宋学斌、许君烈、钱凌白带领杨惠明、钱季宰、周琴芳等人对核潜艇结构重量再次进行了优化，通过调整设计余量、改变部分舱室结构、严格规范配套设备等措施，使全艇重量降低十多吨，使得“091”首艇的稳性达到非常优秀的程度，建造难度也大幅降低。

首艇建成　如期下水

1968 年 1 月，核动力研究所负责的核潜艇陆上模式堆正式开工建设。1968 年 4 月初，总体所黄旭华、尤子平领衔的核潜艇技术设计完成。“09”工程办公室主任陈右铭随即召开会议，对“091”首艇总体技术设计进行审查，设计方案通过后，施工设计立刻进入工作日程。1968 年 5 月，“091”首艇在核潜艇总体建造厂开始放样，核潜艇建造大幕正式拉开。

为全力配合核潜艇总体建造厂的施工进度，黄旭华、尤子平组织总体所全体技术人员开展了两次施工图大会战，突击完成数千份施工图纸和资料。1968 年 11 月 23 日，“091”首艇开始下料，我国第一艘核潜艇正式开工建造。

在“091”首艇的建造过程中，黄旭华、尤子平指示总体所设计人员进驻核潜艇总体建造厂，同步完善设计、协同配合施工，前后共完善施工图纸及其他技术文件近万份，有力地保障了首艇的施工进度和建造质量。

“091”首艇开工典礼

据统计，从最初的方案论证开始，方案设计—初步设计—技术设计—施工设计，总共为“091”首艇绘制了 45000 余张设计图纸，连接起来大约有 30 千米长，全艇 4.6 万个零部件全部自主研制。

1970年12月26日，毛泽东主席77岁诞辰，舷号为“401”的“091”首艇、我国的第一艘攻击型核潜艇下水了。这是一个黄旭华永远铭记在心的激动时刻，他目睹了这一凝结着他13年心血的伟人作品诞生。

当天的情景依然历历在目，黄旭华回忆着当天的过程及情形。

那一天，天空湛蓝如洗，核潜艇巨大的钢铁之躯如同一头巨型灰鲸横卧在苍穹之下。自上往下看，毛泽东主席的画像高悬在潜艇指挥台正上方，画像下面横拉着“敬祝毛主席万寿无疆”的巨幅标语，它似乎是对毛泽东主席说：“您发出‘核潜艇，一万年也要搞出来！’的誓言，经过核潜艇决策者、设计者及建造工人的共同努力，终于变成了现实。”指挥台围壳上“401”三个巨大白色舷号数字不仅分外醒目，而且预示着后续型号也将渐次登场。艇首披着一簇巨大的红花，象征“八一”的八面红旗在艇首水平舵上一字排开。一大批工人手中挥舞着毛主席语录的“红宝书”，不停地振臂高呼，场面蔚为壮观，气冲云霄。

即将下水的“091”首艇——“401”艇

核潜艇由于体积大、重量大，下水不同于常规潜艇，它的下水程序是“起艇—前行—上浮箱—横移—起浮”。核潜艇在陆地上的厂房里造好后，让其稳坐在几十台小轮车上。小轮车沿着预先铺设好的铁轨缓慢滑动，把核潜艇从大厂房里慢慢运到船台上，再从船台挪到船坞的一个特大浮箱上，最后浮箱灌满了水沉下去，核潜艇浮在水面。至此，下水才宣告成功。

为保证首艇下水成功，整个过程异常谨慎，也因此显得非常漫长。巨大的艇体缓慢移动，最慢时 3 小时仅挪动 100 多米，其间还因为一段铁轨被压断而紧急修复，到核潜艇完全下水浮起时，整个码头已经完全笼罩在夜幕中。

看到夜色中静静矗立在海面上的核潜艇，黄旭华禁不住思绪万千。13 年来的执着守望、13 年来的颠沛奔波、13 年来的眼泪与汗水、13 年来的喜悦与委屈，像一波波潮汐在他眼前涌来、退去。终于，他的付出成功了，他儿时的梦想实现了，他希望今晚能踏踏实实地睡一个好觉。

然而，这一夜，即将再次出征的黄旭华依然无眠！

“091”首艇——“401”艇下水后的英姿

★第四章 锐意创新 深潜同舟 蛟龙入海佑神州

观念创新　成果斐然

1970 年 12 月 26 日，“091”首艇顺利下水，表明我国基本掌握了核潜艇的设计与制造技术，同时锻炼和培养了一大批相关专业技术人才。随着“091”改进定型并进入中国人民解放军海军服役，“092”的研制又拉开了帷幕，黄旭华等核潜艇人再次踏上征程，继续攻关、创新，终将我国一代两型核潜艇送入大洋，为中华民族筑起一道坚固的海上长城。

首艇改进　定型服役

军用舰船不同于其他的武器平台，下水仅仅是一个开始，要交付海军使用并形成战斗力，还需要经过很多试验、定型与完善环节。“091”首艇“401”下水后，在宋文荣、彭士禄、赵仁恺的指挥下，首先进行了系泊、启堆、设备联调等一系列试验。

在系泊试验中，发现“401”艇艇体有较大的艉倾。黄旭华对主持试验的钱凌白说不必事事请示，放开手脚干。钱凌白带领设计师们通过试潜定重，调整有关配重与布局，成功纠正了艉倾，保证了系泊试验的成功。

技术人员在调试“401”艇上的设备

赵仁恺与试验中的核潜艇

系泊试验成功后，接下来就是反应堆启堆试验，经过彭士禄、赵仁恺严格掌控，该项试验也取得了圆满成功，核动力达到了满负荷工作的要求。其后，“401”艇才开到海上进行航行试验。航行试验包括动力系统、操行系统、导航系统、水声系统、振动噪声、综合空调系统、反应堆及全艇辐射情况、武器系统的性能测试等。这些测试中发现的诸多问题，都成为“091”改进定型所必须解决的问题，这样才能保证“091”的小批量建造。

1971年，黄旭华将宋学斌从总体所总体组调到技术科，专门协助他抓“091”的改进及定型工作。对于“091”首艇的不足之处，黄旭华要求宋学斌等设计师对多个需要改进的重大技术问题进行论证。

据宋学斌回忆，当时论证的问题比较多，黄旭华对首艇艇员的居住条件、应急工况下应急电力系统的变电能力、“091”首艇Ⅲ舱总布置方案等三个核心问题比较关注，经常参与这些问题的讨论，并且以设计师的身份提出了自己的建议。黄旭华的建议大多在“091”定型艇的设计中得到了采纳，并且体现在“091”后续的4号、5号艇的建造中，极大改善了“091”后续艇的技术性能和艇员的居住条件，提高了作战能力。

通过总体所、核潜艇总体建造厂及海军军代表室长达四年的共同努力，“091”首艇“401”经过数百次的各种试验、6000多海里（1海里=1.852千米）的出海航行、大量的设计优化与改进、相关设备的升级与更换，于1974年初通过了检验性航行试验，具备了交付海军使用的条件。

1974年8月1日，“091”首艇“401”在八一建军节这个特殊的日子正式交付海军使用，加入中国人民解放军海军作战序列。海军司令员萧劲光宣读中央军委关于《第一艘核动力潜艇命名》的命令，将该艇命名为“长征一号”，首任核潜艇艇长杨玺激动地从海军副司令员高振家手中接过军旗，登上停泊在码头边的核潜艇，将鲜艳的军旗

“长征一号”核潜艇首任艇长杨玺

庄严地升起。

我国第一条核蛟龙“长征一号”，载着毛泽东主席的嘱托，全国人民的希望，彭士禄、黄旭华等核潜艇人的梦想，缓缓地驶向大海，开启了保卫祖国、震慑敌人的征程。自此，我国正式成为世界核潜艇俱乐部的第五位成员。

在当时的首艇交接盛会上，钱学森发表的讲话给黄旭华留下了深刻的印象。钱学森同志说：“毛主席说核潜艇一万年也要搞出来，现在不是一万年，不是一千年，不是一百年，也不是十年，我们就搞出来啦！”

虽然“长征一号”正式加入海军服役，但本质上还是一艘试验艇、训练艇，黄旭华所在的总体所继续承担着“091”的定型与改进任务。

“长征一号”水面航行的英姿

反复论证　撤锚成功

核潜艇的研制毕竟是一件前所未有的工程，科技含量很高，我国的技术与设计在当时还相对落后，因此“091”首艇“401”虽然建成下水，但依然存在一些不尽如人意的地方。

在“091”的定型过程中，彭士禄、黄旭华等技术人员进行了大量的技术改进与完善，其中关于核潜艇“锚”的留废问题就极具代表性。它是一个缩影，体现了“091”定型过程的曲折与复杂。

对于后续艇是否使用锚装置的问题，在较长时间内存在着争论。宋学斌认为，在这个问题的判断、论证和决策上，黄旭华充分展现出了对技术发展敏锐的洞察力及高超的处事能力。

参照常规潜艇的设计，“091”首艇“401”部署了锚装置。可在首艇的系泊及航行试验中，锚装置却存在一系列的技战术问题。核潜艇艏端最重要的装置是声呐系统，锚的布置也须在艏端，但锚链箱的放置不能影响声呐系统，否则就会干扰声呐系统的主动及被动侦测。宋学斌、黄旭华等人冥思苦想，终于找到了一个非常巧妙的办法：声呐系统有一个体积比较大的噪声站换能器，它的中间有一个空当，于是宋学斌等人就把锚链箱设计在这个空当中，平时锚链箱在里面被压得死死的，无法挪动，也就不影响声呐的技术侦测了。从技术上看，这个锚链箱设计得非常完善，既解决了锚装置的部署问题，

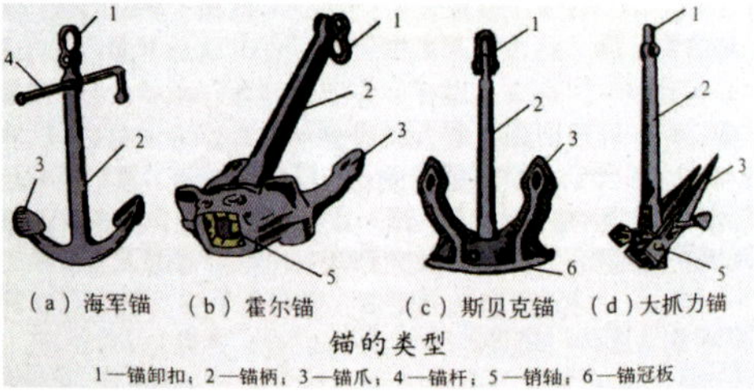

艇用锚装置

又不影响声呐系统技战术性能的发挥。

锚链箱问题解决后，下一个难题就是锚穴（或锚孔）的设计问题。有锚自然就有锚穴，为了避免位于艏端舷侧锚穴挂锚航行时产生的涡流噪声影响声呐系统的侦测性能，宋学斌、黄旭华他们就设计了一个锚穴盖，航行时锚穴被盖着，就不会产生涡流噪声，等需要锚泊时再打开锚穴盖。然而，当首艇交付海军使用后，发现起锚和收锚时，声呐系统的导流罩容易被锚爪抓破或是抓伤，海军要求对此提出改进办法。可是数千吨的艇，锚的重量和强度是很大的，导流罩也需要透声进行侦测，做得太厚会影响侦测的灵敏度和侦测效果，导流罩必须薄而透声。两者之间的矛盾成了非常棘手且难以协调的问题。

此时，有人提出取消锚装置，也许这个矛盾就不存在了。依据当时的技术，取消锚不仅不影响核潜艇的停泊，反而能改善艇身重量布局、降低艇身重心、改善艇的平衡和稳性，同时提升声呐系统的性能。黄旭华、宋学斌等人经过反复研究与推理，认为在技战术上取消锚装置是可行的，风险很小。黄旭华还指示宋学斌等人尽力查找国外核潜艇资料，密切关注美苏核潜艇是否使用了锚装置，希望能从国外的同行那里找到佐证。

但是，资料查找的结果是英国的核潜艇使用了锚装置，区别是我们的“401”艇使用的是抓力较大的霍尔锚，而英国人采用的是抓力相对较小的蘑菇锚。此外，英国核潜艇锚装置的设计也有不同，他们的锚穴在艏端底部，锚穴的盖子及锚的收放与宋学斌等人的设计惊人一致，锚收上去后锚穴盖上，锚盖打开时锚就出去了。

即便如此，黄旭华、宋学斌等设计师们依然坚信锚装置可以取消，而且必须取消。了解到该设计方案至少需要得到海军参谋长以上的领导认可后才能执行，黄旭华便主动找到时任海军参谋长且对核潜艇工程一直全力支持的刘华清同志，就此事专门请示他。

黄旭华（右）与宋学斌在葫芦岛船厂山坡上合影

刘华清同志听完安装锚装置弊大于利、应取消锚装置的汇报之后，对黄旭华的主张明确表示支持，对有关问题再作询问之后，当即拍板取消锚装置。

至此，“091”后续艇取消了锚装置，核潜艇的停泊、航行及各种性能没有受到任何影响，声呐系统的功能也得到很好的发挥，事实证明了取消锚装置是一个正确的决策。后来，美、苏、英、法的新型核潜艇都没再保留锚装置。

再接再厉　研制升级

从首艇下水，到被命名为“长征一号”加入中国人民解放军海军服役，第一代攻击型核潜艇的定型工作一直持续进行着。中央高层、海军、六机部、国防部第七研究院，包括总体所及核潜艇总体建造厂都希望通过定型工作解决首艇遗留的各种问题，进一步提升“091”技战术性能，从而保证“091”的小批量建造，使第一代攻击型核潜艇形成有效战力。

1975 年 8 月 3 日，国务院、中央军委批准了“091”型核潜艇的设计、生产定型。总体所、动力所对“091”的设计工作基本结束了，除部分人员依然参与对“091”后续艇的完善提高外，主要工作逐步转向下一个更加重要的目标——具有战略威慑价值的弹道导弹核潜艇“092”的研制设计。

“091”二号艇“402”

对于“091”的设计与建造，彭士禄、黄旭华、张金麟及宋学斌、钱凌白等高级设计人员一致认为，从核潜艇总体结构设计来看，我国第一代攻击型核潜艇无论是设计思想，还是对技术的应用，都是科学而先进的，并不逊色于美苏同代产品的性能。

从 1958 年开始，中央高层启动核潜艇研制时的目标与动机是建造弹道导弹核潜艇，毛主席所说的“核潜艇，一万年也要搞出来！”也是针对弹道导弹核潜艇这个战略性武器提出的。1965 年“09”工程恢复上马后，其总体研制思路调整为先研制攻击型核潜艇“091”，积累一定的基础和经验后再研制弹道导弹核潜艇“092”。在“091”下水并成功加入中国人民解放军海军服役后，“092”的设计与建造渐入佳境。

黄旭华介绍，我国第一代核潜艇包括“091”和“092”两种艇型。“091”是指攻击型核潜艇，是战术性武器；“092”

指的是弹道导弹核潜艇。弹道导弹核潜艇既可以携带常规弹头，也可以携带核弹头，因此弹道导弹核潜艇才是战略性、威慑性武器。“091”和“092”两种核潜艇的大部分材料、设备及技术系统是通用的，主要的差别就在于武备系统。简单地说，在“091”上增加一个导弹舱，“091”就变成了“092”。不过，由于弹道导弹通常个头很大，故此导弹舱室体积巨大，“092”的体积及排水量就远远超过“091”。然而，我国“092”的研制并非是等“091”完全定型之后才开始的，而是在“091”进入技术设计阶段时就已经同步启动了。

十二联装核潜艇导弹舱

1967 年 6 月，“091”技术设计渐趋成熟，海军提出弹道导弹核潜艇的作战使用要求，同时提出了“092”的发展思路。第一阶段，在攻击型核潜艇的基础上研制弹道导弹核潜艇；第二阶段，在第一艘弹道导弹核潜艇的基础上研制高性能的后续艇。

黄旭华在得知“092”的研制即将启动这一消息后，在高层授意下立刻从“091”研制队伍中抽调业务骨干许君烈，让他带领一组技术人员对过去设计的弹道导弹核潜艇设计方案进行再次论证。许君烈也是交通大学毕业的，算得上黄旭华的同门学弟，他心思缜密、办事周到，业务能力很强，深得黄旭华的器重。

1967 年 9 月底，在黄旭华的领导下，许君烈等人完成了“092”总体设计方案的初稿并提交国防科委和海军，以备审查。其间，出现了一个小插曲。1967 年 10 月 16 日，由国防科委和海军联合举行的“导弹核潜艇及潜地导弹方案论证审查会”（史称“1016”会议）在北京友谊宾馆召开。原本为了进一步锻炼许君烈，黄旭华让他做好参加审查会的准备，并决定由他负责汇报“092”总体设计方案。为此，许君烈按照黄旭华的要求精心准备了汇报材料。可就在会议举行的前夕，国防科委“09”工程办公室主任陈右铭找到黄旭华，告知这次会议将直接决定“092”项目最终能否获得批准，并指定由黄旭华在会议上向与会领导及相关专家作汇报。由于当时不便告知真实的理由，黄旭华只得同许君烈说：“你不要去作报告了，报告由我来作。”虽然看到许君烈的眼神里流露出不解，但黄旭华最后也只能背负着这难以言说的愧疚与无奈。

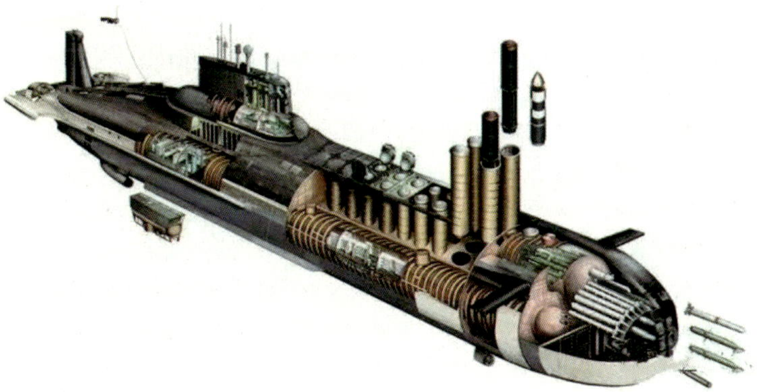

弹道导弹核潜艇解剖示意图

"1016"会议成立了由国防科委副主任刘华清、海军副司令员赵启民、七机部副部长钱学森、国防科委"09"工程办公室主任陈右铭、七院院长于笑虹等领导组成的"092"研制领导小组，并对"092"的总体设计方案、潜地导弹方案、弹道导弹核潜艇战术技术任务书进行了论证审查，确立了第一艘弹道导弹核潜艇研制的总体原则和指导思想。

指导思想的核心内容包括：率先解决弹道导弹核潜艇的"快"和"有"，即以最快速度研制出弹道导弹核潜艇；重点突破核潜艇水下发射导弹技术，同时带动与导弹发射相关的设备及系统的研发；除非有不可使用的结构及设备，原则上使用与"091"配套的设备及技术系统。

10月28日，国务院、中央军委批复海军、国防科委《关于第二代导弹核潜艇研制及主要战术技术要求》的报告，批准实施第二代导弹核潜艇研制工作，要求争取在"六五"期间完成研制定型，进行生产。自此，我国"092"弹道导弹核潜艇的研制正式开启了。

黄旭华回忆道，由于"092"的研制原则是在"091"取得成功的基础上推进的，因此在"091"下水前，"092"主要停留在论证阶段，工作推进比较缓慢，直到"091"正式服役，"092"的研制进程才开始加速。在"092"弹道导弹核潜艇研制初期，黄旭华的工作任务主要有两项：一是负责指导"092"的方案论证、初步设计和技术设计；二是协助七院713所研发潜艇水下导弹发射系统。

观念创新　成果斐然

弹道导弹核潜艇研制的核心是“堆”“艇”“弹”，核反应堆的问题已经在“091”攻击型核潜艇研制中得到解决，因此“092”的研制重点主要在“艇”和“弹”，具体说来就是艇体结构、潜射导弹及发射系统。

虽然从常识上看，“092”弹道导弹核潜艇不过是在“091”攻击型核潜艇上加一个含有发射装置的弹道导弹舱而已。可是，这个加法并不容易做。导弹舱要设计得非常大，足够容纳战略核导弹及其发射装置，舱室直径和尺度远非其他舱室可比，水密容积高达整艇的三分之一。同时，它的结构特殊，与鱼雷舱大相径庭，通常采用双排大开孔的舱室结构，导弹舱的体积、构造、布置形式会全面影响整个艇体的结构设计与布局。总体结构力学的复杂性及设计的难度远远超过“091”，有的设计甚至是对“091”的颠覆与超越。

就20世纪60年代的观念及技术而言，“092”的设计与制造对于黄旭华等人来说，具有很高的挑战性和突破性，在当时绝对算得上最尖端、最前沿的课题了。不少设计师，包括一些业务骨干都对“092”的设计没有底气，多少表现出了一些畏难情绪。

黄旭华与设计师们一起讨论技术问题

为了鼓励钱凌白、宋

学斌、许君烈等技术骨干，激发他们的勇气和担当，黄旭华对他们说，不必畏惧尖端，更别把尖端神奇化，从技术发展的规律看，尖端有时不过是常规的科学组合。美国的北极星导弹（UGM-27A 弹道导弹）和阿波罗登月飞船，也并无太多的新技术，大部分是已有的常规技术的有效综合。从某种意义上说，有效综合就是创造力，常规的科学融合是对常规的再挖掘，也是一种创新。

因此，在“092”的设计与制造中，黄旭华针对当时的实际情况，充分强调对现有常规技术的科学运用、合理集成，既保证“092”的设计与建造速度，又保证“092”的可靠性。同样也重视在弹道导弹核潜艇的设计上追求核心技战术指标的突破与提升。

譬如在“092”的技战术性能设计中，黄旭华一再告诫设计师们要分析“092”与“091”的差异。“091”是攻击型核潜艇，是战术性武器，强调格斗性能，注重速度与灵活。而“092”则不同，它是弹道导弹核潜艇，是战略性武器，强调隐蔽性和突然性。在注重提升一次核打击条件下生存能

隐蔽在大洋深处的弹道导弹核潜艇

力的同时，具备二次核反击能力，隐蔽性越强，反击性就越好，威慑性就越大。为此，在“092”的技战术性能设计中，发生过两次思想上的碰撞。

第一次，是黄旭华关于弹道导弹核潜艇的“毒蛇”设计思想。黄旭华提出参照毒蛇的特点进行设计，强化弹道导弹核潜艇在恶劣条件下的生存能力和反击能力。

20 世纪 80 年代，黄旭华在接受作家祖慰的专访时，诠释了他在“092”设计时提出的“毒蛇”设计思想。

> 法国人搞出了一种小型的、不求高速的、隐蔽性好的所谓安静型核潜艇，与苏、美、英的快速型相比，独树一帜。他们认为，要高速，动力的传递设备必大，噪声就大，隐蔽性就差。既然核潜艇是第二次核报复力量，隐蔽性是第一位的，不让别人的第一次核打击打掉。再有，你的速度再快，也快不过导弹，只要导弹系统好，高速没有多大意义。看看大自然中的蛇吧，有毒蛇比无毒蛇游得慢多了，因为有毒蛇有了精良的化学武器，用不着靠速度捕食，而是靠隐蔽性好。

可令人遗憾的是，黄旭华提出的“毒蛇”设计思想在“092”的设计与制造中并没有得到应有的重视。由于“092”排水量相比“091”增加了 3000 吨，功率却与“091”相同，最终，追求的速度上不去，噪声又下不来。在相当长一段时间内，我国弹道导弹核潜艇因为某些技术系统的拖累又进一步掩盖了在噪声上的设计缺陷，从而导致其隐蔽性一直不佳。直到

20 世纪末，弹道导弹核潜艇的噪声及隐蔽性问题才受到高度重视。今天，噪声及隐蔽性成为评价战略型核潜艇生存力的关键技术指标，在我国新一代战略型核潜艇的设计中，黄旭华的“毒蛇”设计思想最终得到了验证与实践。

第二次，是围绕着“陀螺”所发生的一个有趣的故事。

弹道导弹核潜艇在水下发射导弹时对艇体的运动姿态要求极高，姿态越稳定，导弹发射的命中精度就越高；同时弹道导弹的体积和重量都很大，发射时产生的巨大反作用力又会对艇体产生极大的冲击，危及核潜艇自身的安全。因此，如何保持核潜艇发射导弹时的稳性成为“092”设计时的重大攻关课题。

在解决这一难题的过程中，宋学斌等人意外查阅到一份来自美国的资料。资料显示，美国开始研制弹道导弹核潜艇时，为了使艇的纵摇、横摇、角速度、升沉、偏航等技术指标完全满足导弹的发射要求，考虑过在艇上安装 65 吨重、起稳定作用的大陀螺。但是，美国的核潜艇到底装没装，资料没有明确说明。

陀螺仪

设计人员都知道陀螺的高速旋转能带来巨大的稳性，这个技术早有应用。但是，“092”要不要装这个大陀螺来保障发射导弹时的稳性呢？当时的争论和分歧很大。黄旭华组织技术人员经过充分的论证后，决定放弃大陀螺，使用自己的稳性设计。

黄旭华如是介绍了这个思考和拍板的过程。

> 60 多吨重的大陀螺，这东西我国生产不了，又多了个攻关题目。不仅如此，这个大家伙一装，艇就要增加一个大舱。水下的体积不像水面船舶，那里全是黄金空间！后来，我们从试验中得到的大量数据表明，不需要这个陀螺，但很难下决心。人家技术比我们先进得多都用，我们敢不用？发射时翻了船谁敢负责？打不中目标谁敢负责？当时要我拍板时，就有装和不装的激烈论争。我想，我们是独立研究，不是比葫芦画瓢地抄袭，既然我们的试验数据证明可以不装，那就应该不装。我毅然拍板定了案。当时我就怀疑外国是否真的装了。果然不错，后来得到的资料表明，他们也没装，差点上当！后来，我们的艇发射时稳得像在陆地，摇摆角、纵倾角、偏航角都接近于零！这就是我们跨出的第一步。

黄旭华分析，安装大陀螺及辅助系统肯定得增加一个新的舱室，艇的排水量也随之增加，航速及操纵性也会受到影响。而他们获取的多份情报资料显示国外弹道导弹核潜艇相对于攻击型核潜艇而言，仅提及增加一个导弹舱，并无增加其他舱室的说法。同时，这个巨大的陀螺及其辅助系统研制的难度也相当大，情报资料虽然提议为了保持发射导弹时艇体姿态稳定而安装大陀螺，却没有研制这个艇用陀螺系统的任何资料。因此，黄旭华综合各种情况判断，安装大陀螺仅仅是国外机构开始研制时的一种设想，最终应该不会安装这种装置。

而且，黄旭华并没有贸然拍板，因为保持发射时的姿态稳定控制设计必须得到解决。因此，他责成操纵组的闵耀元、陈源、沈鸿源三人（三人由于姓名最后一个字读音相同而被称为“三元”，这也是黄旭华对他们的专用称谓），对“092”发射弹道导弹时的姿态控制展开专题研究，尤其注重从艇的稳性结构设计上下功夫，看看是否可以不使用大陀螺。“三元”团队由闵耀元作为组长，带领陈源、沈鸿源二人，在其他设计人员的全力配合下，通过大量力学数据分析，辅之以相关针对试验，推导出最佳总体设计方案，然后对艇的操纵面重新设计部署，从而达到发射导弹时控制艇体平衡的目的。这个稳定控制设计方案不增加艇体舱室和排水量，不影响核潜艇的速度及其操纵性能，并且能够确保发射弹道导弹时艇体的姿态稳定。有了“三元”团队缜密的分析论证及其圆满的技术方案，黄旭华才胸有成竹地做出了取消大陀螺的决定。

陈源回顾当年与闵耀元、沈鸿源一起攻克艇体结构等技术问题

弹舱结构与布置方式也需要创新。在“092”的设计中，导弹弹舱耐压结构及导弹发射筒的布置是无法从“091”的设计中继承的。作为“092”最为核心的设计问题，黄旭华组织和担纲了这一重大问题的探索与设计。

为高效、稳妥地解决这个问题，黄旭华从结构力学分析入手，组织设计人员进行技术攻关，开展了多项结构力学模型试验，详细探索弹舱结构形式及其耐压特性，反复比较与论证圆柱体弹舱结构和“8”字体弹舱结构的性能及耐压特点，最终决断：弹舱耐压结构采用“双排大开孔”圆柱体结构形式。

在导弹舱导弹发射筒的布置上，黄旭华及其设计师们设计了两种方式。一种是发射筒上下两端均固定在艇体上，另一种是一端固定一端自由。导弹发射筒的布置方式，无论是对弹舱总体稳定性，还是对艇体的操纵性都有较大的影响，同样是“092”设计中的重要技术环节。情报资料显示，这两种导弹发射筒布置方式在美、苏两国的弹道导弹核潜艇上都用过。在经过大量的比较论证和模型试验后，黄旭华最终选定了一端刚性固定的布置方式。

导弹发射系统是建造新型潜艇的关键。“092”是弹道导弹核潜艇，弹道导弹从核潜艇上发射必须依靠导弹发射系统。导弹的研制是配套单位的任务，但发射系统的研制就与黄旭华所在的总体所密切相关，故此在确定“092”的研制任务时，黄旭华还承担着协助713所研制导弹发射装置的任务。

当时我国陆上导弹发射技术已经很成熟，但是潜射导弹发射技术就复杂得多。潜射导弹既要考虑核潜艇的技战术特性、核潜艇的操控规律，还要明确弹道导弹经历海水和空气两种介质后的各种变化，同时要弄清深度、航速、升沉、摇摆、波浪、涌流对导弹出水姿态的影响等。核潜艇就是海洋中的移动水下导弹发射平台，要保证发射成功自然离不开黄旭华等核潜艇设计师们的协助和支持。

黄纬禄作为第一代核潜艇副总设计师、潜地导弹总设计

“两弹一星”元勋，中国科学院院士，中国著名火箭与导弹控制技术专家和航天事业的奠基人——黄纬禄

师，专门负责“092”所载潜射导弹及其发射系统的研制与试验，黄旭华则密切协助他的工作，工作内容包括两个方面。

一是给黄纬禄主持研制的潜射导弹及导弹发射装置提供核潜艇的基础数据。为此，黄旭华组织相关技术人员基于核潜艇的战术技术特点及要求，通过大量的计算、论证与试验，确定了弹道导弹发射时潜艇的航速、下潜深度、航行姿态和海况等指标及参数，有效配合了潜射导弹及导弹发射装置的顺利研制。

二是直接参与研制及试验工作，对导弹发射系统的研制建言献策，提供合理化建议。基于“092”的技战术性能，在导弹发射筒的设计、导弹发射推进剂的选择和使用、多种比例模型弹的发射试验、发射辅助系统的研制等方面，黄旭华都提出过一些合理化的建议，并且大都得到了尊重和采纳，也得到了黄纬禄的高度评价和由衷的感谢。

新艇建成　荣升总师

自 1967 年“1016”会议结束到 1970 年 10 月，彭士禄、黄旭华带领总体所的设计师们先后完成了“092”弹道导弹核潜艇的方案论证、扩大初步设计和技术设计，“092”首艇的雏形及轮廓呼之欲出，跃然纸上。

建造中的核潜艇

1970 年 9 月 25 日，就在“091”首艇下水前夕，“092”首艇也在核潜艇总体建造厂开工建造，黄旭华带领总体所的设计师们一边筹备“091”首艇下水前的技术工作，一边展开“092”的施工设计工作。1972 年初，“092”首艇的施工设计基本完成。

“091”首艇“401”从开工到下水仅仅用了两年的时间，可原计划于 1973 年下水的“092”首艇，却延宕至 1981 年才最终下水，前后历时十年。“092”是在“091”的基础上建造的，按照“1016”会议的精神，除导弹舱室及发射系统之外，其他全部套用“091”的设计与设备，因此大部分材料、设备、系统都是通用的，按理“092”首艇的建造速度不应慢于“091”首艇，可为何“092”的建造时间如此之长呢？

黄旭华归结了三个方面的原因。

第一，国内跌宕起伏的政治环境极大地干扰了“092”的研制过程。一方面，“09”工程的领导频繁更换，工作连续性差；另一方面，“092”的配套工程与技术研制进程受到严重干扰而迟滞。直至1975年，张爱萍同志开始主持国防科委的工作，“092”的研制进程才渐有起色。

第二，“092”建造策略与“091”不同。由于缺乏核潜艇建造经验，“091”首艇的建造策略是总体先行，其他配套系统研制没有及时跟上，譬如鱼雷及其发射系统就严重滞后，结果艇造好了，鱼雷系统缺装。待鱼雷及其发射系统研制好后，再安装试验又出现了新的问题。“092”的建造吸取了“091”的教训，艇和弹同步抓、同步造，保持协调同步，不追求艇体的建造进度，稳扎稳打，因而建造时间较长。

第三，潜射导弹及其发射系统研制的技术难度大、制造的技术要求高，个个都是过去未曾遇到的“硬骨头”，需要攻克的难关多，逐一解决需要较长的时间。这也是导致“092”不断延后的重要技术因素。

1979年9月，为加强“09”工程的技术抓总和协调，国防科委任命彭士禄同志为“09”工程总设计师，黄旭华、黄纬禄、赵仁恺同志为副总设计师。“092”首艇建造迅猛提速，一天一个变化，下水条件逐渐成熟。

彭士禄、赵仁恺、黄旭华三总师在“404”艇前留影

1981年4月30日10时，我国自行设计研制的第一艘弹道导弹核潜艇，经过艰难的“十年怀胎”，在无数核潜艇人

的注目下，终于顺利下水了。张爱萍副总理主持了“092”首艇的下水仪式，体形巨大的核潜艇在长鸣的汽笛声中从船墩上稳稳浮起，下水成功！全场欢声雷动、群情鼎沸。自此，我国的战略核力量正式拓展到大洋深处，我们拥有了二次核反击能力，“三位一体”的核战略架构开始形成。

在亲历我国第一艘攻击型核潜艇“091”下水之后，黄旭华又一次全程见证了我国第一艘战略型核潜艇的诞生，这两条“深海蛟龙”凝聚了他太多的心血。黄旭华心潮澎湃，激动之余奋笔写下这样的诗句：

南征直捣龙王宫，北战惊雷震海空。攻坚苦战两鬓白，犹有余勇再创功。

“092”首艇下水后，1981年7月和1983年1月相继进行了系泊试验和航行试验。由于有了“091”首艇系泊试验及航行试验的经验与教训，同时又由于国家科技实力、经济实力和试验条件的进一步改善，“092”首艇的系泊试验和航行试验总体上进行得比较顺利。

在“092”首艇系泊试验之后、航行试验之前，还发生了一件对于黄旭华而言很重要的事情。1982年6月，就在“092”首艇系泊试验期间，上级任命黄旭华担任核潜艇总体研究设计所所长。1983年3月，就在弹道导弹核潜艇航行试验开始不久，黄旭华又得到一项更重要的任命。原总设计师、黄旭华的老搭档彭士禄由于担纲我国民用核电站的设计建设重任，国防科工委任命黄旭华继任“09”工程总设计师，彭士禄转任水电部副部长兼总工程师，兼任广东大亚湾核电

站总指挥，兼任国防科委核潜艇技术顾问。就这样，黄旭华成为我国第一代核潜艇的第二任总设计师。

1983 年 7 月底，“092”首艇全部试验圆满结束。1983 年 8 月 25 日，舷号为“406”的我国第一艘弹道导弹核潜艇在海军潜艇第一支队试验试航基地正式交付海军训练使用，加入中国人民解放军海军的战斗序列。

1983 年 10 月 19 日，我军首支核潜艇部队举行了隆重的命名和授旗仪式。作为我国核潜艇研制的功臣、新任“09”工程总设计师的黄旭华，在命名、授旗大会上发表了重要讲话。他高度褒扬了无数设计人员的辛勤付出与不懈努力，由衷感谢各界对总体所及“091”“092”研制的支持与配合，同时表示会尽最大努力尽快完成后续的水下导弹发射等试验，让“406”艇迅速具备战斗力。

仪式结束，“406”艇载着迎风飘扬的五星红旗，载着全国人民的梦想和核潜艇人的嘱托，威严地驶向大海，担负起捍卫祖国安全与尊严的庄严使命。黄旭华的眼中噙满泪水，

我国第一艘弹道导弹核潜艇“406”艇威严行驶在大洋之上

目送着这艘国之重器威武地劈向浩瀚的大洋，心中涌起了无比的自豪和骄傲……

改进完善　首艇达标

“091”首艇“401”服役后，“091”实现了小批量试制，20 世纪 80 年代末，先后有“402”“403”“404”“405”艇陆续下水。“091”完全是我国独立自主、逐渐摸索建造的，具有很强的试验性质，主要目的还是在解决“有”的基础上为下一代核潜艇的建造积累技术与经验。“091”在系泊、航行试验中暴露了设计、制造、配套水平等方面存在的诸多不足及关键技术尚未过关的问题。同时，由于核潜艇总体建造厂和核潜艇基地自然条件的限制，“091”各艇的长航试验、最大自给力试验、极限深潜试验、鱼雷发射试验等综合试验均未进行。问题不解决、试验未完成，核潜艇的技战术性能就得不到检验

锚泊在港口的“403”艇

和发挥，就只能是一个摆设，既无法达到实战要求，后续艇建造的质量水平也无法提高。“091”首艇“401”下水以后，黄旭华等人一直致力于“091”的完善与改装升级，其过程大致经历了定型改进（1977—1982年）、完善提高（1982—1987年）、综合治理（1988—1993年）、现代化改装（1993—1999年）四个阶段。

1982年6月至1987年10月，担任核潜艇总体研究设计所所长的黄旭华，对于“091”的改进及完善提高直接承担着行政责任。他在1985—1986年兼任总体所党委书记，从党、政、技术全方位主持总体所在我国第一代核潜艇设计建造中的完善和提高工作。黄旭华回忆道，“091”的成熟过程，初期主要是解决设计定型、生产定型中遗留的近百个技术问题，绝大部分得到了良好的解决；中期主要是通过对设备的改装、换装、加装达到提高核潜艇的技战术性能、自动化水平、

战斗执勤中的“404”艇

核安全保障能力及改善生活环境的目的；后期则通过采用新技术、新工艺及现代化的改装，提升核潜艇声呐系统的能力，全面降噪并提升隐蔽性等现代化作战水平。

经过长达20年的改进、完善与提高，第一代核潜艇终于达到比较理想的水平，同时积累了珍贵的设计思想、制造技术，实现了一系列配套技术及设备的突破，为下一代核潜艇的设计与研制打下了坚实的基础。“091”的各种综合试验也逐渐展开，既是检验改进及完善的成果，也为新一代核潜艇的研制积累经验和技术数据。

1981年11月16日至12月17日，由中国人民解放军海军北海舰队曲振侔副司令员亲自坐镇，“402”艇驶离军港，完成了31个昼夜的首次海上真实海况下的长距离公海航行训练。1983年，北海舰队又组织了另外两支核潜艇部队进行了两次为期一个月左右的长航，同样取得了成功。长航试验的成功，坚定了设计建造者的信心，检验了设备与各技术系统的可靠性，锻炼了核潜艇上海军官兵的操控能力及生活能

航行中的“405”艇

力，积累了大量的数据资料，也打消了高层领导及海军等许多人对核潜艇的疑虑，同时向后续更大难度的远航、最大自给力试验、极限深潜试验迈出了坚实的一步。长航试验成功后，我国年轻的核潜艇部队开始驾驶核潜艇正常出海巡航了。

1985 年 11 月 20 日上午 10 时，“091”系列核潜艇解开全部缆绳，驶离军港码头，一头扎向海洋，开始了我国第一代核潜艇的最大自给力极限考核试验。“403”艇上的海军官兵凭借着钢铁般的意志，克服各种困难和风险，在黄海及东海海域完成了 90 个昼夜、航程总长等同赤道周长的海上航行，并于 1986 年 2 月 18 日安全返回，达到了核潜艇最大自给力极限考核试验的目标，打破了当时美国“海神号”核潜艇所创下的连续航行 83 天 10 小时的纪录。这次试航以水下航行为主，最长的一次连续水下航行的时间为 25 个昼夜，创下了世界海军核潜艇远航史上的奇迹。

“403”艇 90 天水下最大自给力航行试验顺利归来

极限下潜　深海同舟

在“091”顺利完成长航试验及最大自给力试验后，极限深潜试验就提上了议事日程。极限深潜试验是检验核潜艇总体性能和作战能力最重要的试验项目，包括极限深度下潜、水下大潜深全速航行、大深度发射鱼雷三项循序渐进的试验科目。其中，第一关极限深度下潜尤为关键，只有成功了，才能在这一深度上实现全速航行及发射鱼雷。但是，我国的渤海、黄海、东海等海域的海水深度都无法满足深潜试验条件，极限深潜试验必须转场到水深较大的南海海域进行。

当时担任七院及总体所深潜试验队队长的尤庆文回忆道，所谓极限深潜试验，是指要核潜艇下潜至设计极限深度，甚至更深。它不同于长航试验及最大自给力试验，航行试验遇到问题可以随时结束，风险相对较小。而极限深潜试验则不同，下潜无论是否到达极限深度，一旦遇到问题就是艇毁人亡。1963 年美国的“长尾鲨号”核潜艇在极限深潜试验中，尚未

美国的“长尾鲨号”核潜艇沉入海底遇难照片

下潜到极限深度时，突然遇到问题沉没，全艇160多名官兵和试验人员以身殉职，至今原因不明。

当时“091”极限深潜试验的责任、意义、危险都非常大。1987年11月，国务院和中央军委专门批准了由海军和中国船舶工业总公司起草的、经总参谋部和国防科工委审议的《关于核潜艇深水试验问题》的请示报告，并下达了拟于1988年择机在南海进行“091”极限深潜试验的任务，任务代号为“982”。一项试验竟然由国务院和中央军委批准，这是前所未有的，足见这项任务的艰巨性。

遵照国务院和中央军委的批示，海军和国防科工委联合实施“091”极限深潜试验，成立核潜艇深水试验领导小组（以下简称深水试验领导小组），组织、协调整个试验工作。黄旭华作为“09”工程总设计师，成为深水试验领导小组的成员，并出任极限深潜试验第一关极限深度下潜的技术负责人。深水试验领导小组成立后，相继对技术准备、质量复查、检修检测、救援保障等作了周密的部署与安排，试验工作按照计划稳步推进。

为了防止不测事件的发生，深水试验领导小组做出了必要的应急预案。主要措施有两点：一是精心选择极限深潜地点，在南海某海域选择一个深度为300多米的地方，并且在附近提前准备打捞救援设备，制订打捞方案，假如试验时核潜艇因故沉没，可以迅速把它打捞上来，避免像美国的“长尾鲨号”那样一下坐沉数千米深的海底无法救援；二是在核潜艇上准备了相应的应急设备，譬如专门的支撑、堵漏设备等，方便采取自救措施。

然而，任何事件总有其两面性。准备工作做得越充分、越慎重、越周全，越会加重人们的心理负担，紧绷的神经和压抑的气氛一时间弥漫在极限深潜试验参试队伍中。在巨大的心理考验下，部分参试同志暗自做了最坏的打算。核潜艇总体建造厂在极限深潜试验前，组织参加此次试验的十几位同志拍了作为“最后的纪念”的“生死照”，有几位参加极限深潜试验的年轻艇员甚至写好了遗书。

艇员董福生在悄悄留给妻子的遗书中写道：“嫁给军人不容易，嫁给干核潜艇的军人更不容易，什么事情都可能发生。我不能陪你走完一生，一辈子欠你的情。希望你不要难过，把孩子带好，再组织一个幸福的家庭……”他告别妻子，但没有告诉她去干什么。胜利返航后，这封并未寄出的“遗书”被一直珍藏着。

黄旭华决定亲自参与极限深潜试验

黄旭华当时也毅然地做出了一个惊人的决定，那就是上艇指导下潜，与所有参试人员深海同舟。作为深水试验领导小组成员、“09”工程的总设计师，黄旭华是可以待在水面试验指挥舰上的，没有任何人要求他亲自下潜。而且当他决定下潜时，所有领导一致劝阻。但是在黄旭华详细地陈述了自己下潜的若干好处和理由、表明自己决心已定之后，大家才理解了他的考虑，认为既周到，又合理，还有利于稳定参试队伍的情绪，于是尊重了他的决定。

黄旭华表示，由于协助黄纬禄进行潜射导弹的研制与试验而错过了长航试验和最大自给力试验，他渴望参加这最后的也是最重要的一次试验，他要检验自己作品的质量和可靠性。

“404”艇极限深潜试验前船台技术复查

黄旭华一再强调，他决定亲自参加下潜，绝非一时冲动之举，也不是为了显示自己的勇敢，其时他已经64岁，他之所以那么决定，出于五个方面的考虑。

第一，因为他全程参与了“091”的设计，对各项技术指标了如指掌，极限深度是他亲自参与制定和设计的，对艇和设备在这个深度的可靠性，他比其他人都更有信心。

第二，在建造过程中，所有的材料、设备、管线、焊接都经过总体所及核潜艇总体建造厂的严格把关、测试与验收，具有一定的安全保障。

第三，在极限深潜试验之前，总体所、核潜艇总体建造厂、军方代表对全艇所有系统、材料、设备、管道等已检查过多遍，并采用超声波、X 射线探伤设备反复核查，对每一个细节都做出了稳妥的处理。

第四，他参与极限深潜的极大好处是，如果在极限深潜中出现问题，作为总设计师的他，可以现场观察、分析，相机处置，而其他人未必有这个底气和能力。

第五，这次极限深潜试验已做了充分的应急预案。

综合考虑，黄旭华认为“091”下潜到极限深度出问题的概率非常小，危险远没有大家想象的那么大。

但是，危险不大不等于没有危险，这种试验一旦失败，就是毁灭性的。黄旭华的一言一行都体现了其无私的奉献精神、崇高的职业道德和睿智的科学判断。

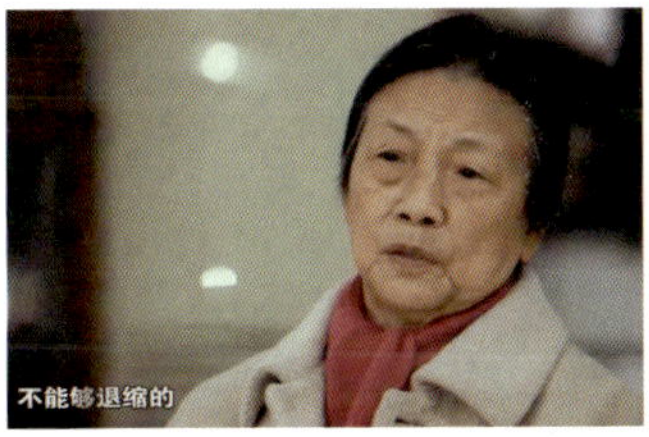

李世英也坚定地支持黄旭华带队参加极限深潜试验

黄旭华的举动，也得到了夫人李世英的全力支持。她之所以支持黄旭华下潜，一是基于对丈夫的充分信任，二是觉得黄旭华义不容辞，而绝非甘愿丈夫去冒险。李世英认为艇是黄旭华亲手设计的，他有责任、有义务对艇上的生命负责。那么多的人下潜接受生命的考验，黄旭华作为总设计师却在指挥舰上等待实在不妥，这既是职责所在，也在情理之中。

出发前，李世英郑重地、仔细地替黄旭华整了整衣服，扶着他的双臂宽慰道：“你当然要下水，不能够退缩的，否则将来你怎么带这个队伍！”

当时，承担极限深潜试验任务的是“长征四号”，即“404”艇。艇长和政委接到任务后立刻给官兵们做思想工作，告诉他们极限深潜试验是党和人民交给他们的一项光荣任务，要勇敢、要有牺牲精神。结果几个月下来，官兵们的思想压力反而愈来愈大。实事求是地讲，血肉之躯，谁不怕死！黄旭华笑着对前来求助的艇长和政委说：“你们不能给他们老是强调‘光荣’，你们要人家准备去‘光荣’，就是有可能会牺牲啊，人家精神负担怎么可能不重。生命诚可贵，哪个年轻人会不紧张？！”

黄旭华没有给参试官兵讲任何大道理，仅仅告诉他们，他将和他们一道登艇参与极限深潜试验。就凭这句话，官兵们释然了，情绪一下子活跃起来。他们想，既然这艘艇的总设计师敢于和他们一起深潜，自然是对潜艇有着充分的信心，安全系数一定很高。艇长和政委笑着对黄旭华说：“我们几个月的苦口婆心不如您的一句话。”的确，黄旭华当时已六十有四了，是所有参试人员中年龄最大的，以花甲之年、总师之位，亲自登艇下潜，传递的该是怎样一份信心和担当！

1988 年 4 月初，“404”艇及全体参试人员全部抵达湛江军港，依据计划，三项深水试验分四个航次完成。基于技术验证及安全保障的需要，第一项极限深潜试验分两个航次进行，第一个航次做适应性预下潜，计划潜深 180 米；第二个航次做极限深潜，要求达到或者超过设计深度。

1988 年 4 月 20 日下午 4 时许，“404”艇缓缓离开军港，航行 210 海里进入试验海区后系泊，做次日下潜的最后准备。次日上午 9 时，“404”艇开始下潜，下潜至 180 米的计划深度后继续下潜，至 193 米后起浮，第一个航次的预下潜试验顺利完成。预下潜总体顺利，所出现的问题不大，并很快得到解决，试验目的基本达到。

执行极限深潜试验的“404”艇驶向试验海区

预下潜主要目的是摸清情况，但是执行时非常慎重。下潜是一步步分阶段进行的，先是 20 米、10 米，再是 5 米，最后是 1 米、1 米地进行，每一个阶段都要停留一段时间进行观察、分析。预下潜的整个过程，人的感觉很正常，艇体不漏水，也没发出任何异响，随艇人员也没有出现任何不适状况。

七天后，第二个航次的极限深潜开始实施，该次试验副指挥长、北海舰队副参谋长王守仁，技术负责人黄旭华、吴庭国、徐秉汉及全体参试人员共 176 人登上“404”艇，航行至试验海区后系泊，随即开始准备第二天的极限深潜。

1988 年 4 月 29 日上午 9 时，最关键、最重要、最扣人心弦的时刻到来了！“404”艇开始缓慢下潜，潜水均衡后却突然出现了水声通信不畅的问题，潜艇被迫上浮至潜望深度待命。这可不是个好兆头，大家的心一下子提到了嗓子眼，艇内气氛骤然紧张起来。为了舒缓紧张的神经，有人提出大家一起高唱《血染的风采》。黄旭华提出异议，他笑着说：“《血染的风采》是首好歌，我也喜欢，但是太悲壮，我们是去试验的，是去拿数据的，不是去牺牲。我提议唱《中国人民志愿军战歌》，这首歌气势磅礴、催人奋进。”大家鼓掌叫好，于是黄旭华带领大家一起高唱：“雄赳赳、气昂昂，跨过鸭绿江，保和平、卫祖国，就是保家乡。中国好儿女，齐心团结紧……”顿时，艇内的气氛变得欢快起来，大家紧绷的神经也渐渐松弛下来。

下潜中的核潜艇

上午 11 时，深水试验领导小组研判后决定，“404”艇继续下潜。于是，“404”艇像一头巨鲸一样向大海深处扎去。100 米、200 米、250 米，当下潜深度到达 280 米时，潜艇外壳每平方厘米承受的压力已达数十千克，深海海水的巨大压强展示着强劲的威力，艇体受到的挤压越来越大，部分舱门因为压力开始变形，无法打开，舱室发出“咔嗒、咔嗒”的响声，令人心惊肉跳。有人一次一次地数着这个响声，一分钟达 11 次，每一次响声都击打着参试人员的耳膜和心脏。指挥舱内，黄旭华及其他负责人密切注视着深度计，竟然发现一根支撑深度计的角钢随着下潜深度不断增加而逐渐扭曲。大家的心都慢慢悬了起来，没有人说话。此时，艇内共发现 19 处渗水点，抢修工作立刻按照规程启动。经检修紧固后，艇内恢复正常。

为了宽慰和稳定大家的情绪，黄旭华等上艇领导及技术专家告诉大家，这声音是海水高压下艇体结构相互挤压所发出的，结构变形是正常现象，都在预计的设计与控制范围以内。

按照黄旭华的事前布置，深潜队长尤庆文专门负责照看核潜艇通海系统的主波纹管。主波纹管远比艇体脆弱，由于其直接连通海水，所以更容易受压发生变形。主波纹管变形太严重就必然会破裂，主波纹管破裂对核潜艇来说将是一种灾难。“404”艇下潜至大深度后，舱室和主波纹管都持续发出异响，尤庆文抱着录音机跟在机电长后面，把舱室发出的声音和下潜指令都录下来，整个深潜过程录满了两盘录音带。主波纹管发出的声音随着下潜深度的加大而不断变化，机电长心里有些不踏实，不停地问尤庆文情况怎么样。下潜前，黄旭华对尤庆文有过详细的交代，因此他心里比较有底，

尤庆文激动地回忆深潜试验

确定这种情况在黄旭华的预计范围之内，就告诉机电长和舱内其他人员，这些声音及其变化是正常的、没问题。至今，尤庆文录制的两盘录音带仍完好地保存在总体所档案室内。

关于当年深潜的过程，由于所处舱室不同，每个舱室的结构及设备各异，在大深度时受到挤压的程度也不相同，加之职责和任务的差异，所以参试人员回忆中出现的状况和听到的声响自然也不一样。

关于当时下潜的一些情节，据黄旭华回忆，在下潜的过程中，他与其他几位深潜负责人一起研究约定，当下潜接近设计极限深度时，舱室的挤压变形必然更加严重，异响也会更强，为了避免引起恐慌，决定让播报下潜深度的技术人员不再播报具体的深度数值，改用英文字母 A、B、C 播报。黄旭华事先已经确定了 A、B、C 所对应的潜深和下潜指令，A 表示“接近极限深度，继续下潜”，B 表示“到达设计临界点，艇压尚能承受，可以继续下潜”，C 表示“已过设计深度，艇体无法承受，停止下潜”。这样播报，就连“404”艇的艇长都不明白为何意，其他人自然也就不知道下潜的具体深度，从而在一定程度上减轻了参试人员的心理压力。

黄旭华在“404”艇内镇定自若地指挥深潜

当“404”艇逐步接近大深度时，一切均在预计的范围之内，黄旭华镇定如常，指挥参试人员按规程操作、观察、记录、播报，流程紧张而有序。操作人员神情集中，临危不惧，恪守岗位。中午 12 时 10 分 52 秒，第二舱的深度计指针指向设计深度刻度，并略有超出，随着一声坚定而清脆“停”的指令发出，“404”艇稳稳地悬停在该深度上。艇内各舱室寂静一阵后，爆发出暴风雨般的欢呼——极限深潜成功了！

黄旭华回忆道，当“404”艇顺利下潜到设计极限深度并稳稳停住后，他立刻检查了全艇的状况，发现全艇各技术系统和几乎所有的机械设备都运转正常，表明极限深潜试验取得圆满成功，也证明“091”艇体的结构设计与制造是合格且成功的，通海系统安全可靠，符合海军制定的技战术要求。

“404”艇在极限深度驻留一段时间后即按计划开始上浮，上浮至 100 米左右时，指挥舱内的王守仁、黄旭华、王道桐、吴庭国四位负责人一起合影留念，留下了永久的历史记忆。有参试人员恳请黄总师题几个字纪念深潜成功，黄旭华欣然应允，挥毫泼墨，一气呵成地写下：

“404”艇深潜试验顺利达到极限深度后，现场指挥部人员露出笑颜，左起依次为核潜艇总体建造厂副厂长王道桐、黄旭华、北海舰队副参谋长王守仁、总师办主任吴庭国

花甲痴翁，志探龙宫；惊涛骇浪，乐在其中。

后来被媒体广为传颂的这首核潜艇发展史上的壮丽诗篇，不仅抒发了以黄旭华为代表的第一代核潜艇人的无畏豪情，更完美地诠释了坚韧的“09”精神。一种乐观、浪漫主义的气息跃然于墨色字间。

当“404”艇浮至海面并升起鲜红的军旗之后，黄旭华兴奋地跑上潜艇背，对着镜头挥动着自己粗糙而有力的大手，为极限深潜留下了一个永恒的纪念。自此，黄旭华成为世界上首位亲历极限深潜的核潜艇总设计师，并被永远铭记在世界核潜艇发展历史上。

黄旭华站在“404”艇前挥舞手臂欢庆极限深潜试验成功

据说，由于黄旭华的率先垂范，在后来我国新的核潜艇深潜试验中，总设计师随同系列首艇一起深潜，成为总体所的光荣传统。

极限深潜试验成功后黄旭华与科研人员在“404”艇前合影

“404”艇稳稳系泊后，水面指挥人员、参试人员、保障人员高兴地彼此握手、拥抱，大家热泪盈眶，激动兴奋之情溢于言表。稍后，几十艘参加试验保障、保卫、指挥的水面舰船一起拉响汽笛。久久不息的笛声回荡在辽阔的南海之上，既向核潜艇及全体参试勇士们致敬，又向全世界发出了震耳欲聋的欢呼：曾经积贫积弱的中国现在再一次挺起了自己的脊梁！

无论在当时，还是时至今日，黄旭华已记不清有多少次被亲人、领导、同事、朋友、记者等追问过这样的问题：“你当时真的不害怕吗？”黄旭华虽然无奈，但不忍他人失望，只得一次次不厌其烦地重复着那五条理由，并一再强调与补充道，他不是逞英雄，不是不怕死，只是比别人拥有更多的自信。

七院及总体所深潜试验队队长尤庆文也表示，由于完整地经历了“091”各艇的设计及建造过程，对执行深潜任务的“404”艇的设计水平及建造质量非常有信心，看到黄总师淡定参与深潜后，他更加坚信深潜的成功概率在九成以上。

然而，当远在武汉的李世英女士得知极限深潜试验成功后，不禁掩面大哭。几个月来的每一天，她都度日如年，茶饭不思，睡不安枕，一颗心总是悬在嗓子眼上。为了不让孩子们也担心，她没把她们的父亲参加极限深潜试验的事告诉她们。

这次核潜艇极限深潜试验有几项数据和事实值得永久铭记，并载入我国核潜艇发展史册。

极限深潜试验成功后，余下两个航次的试验也在半个月之后开始实施。1988 年 5 月 13 日 13 时 16 分，“404”艇水下大潜深全速航行试验取得圆满成功；1988 年 5 月 25 日，“404”艇在大深度发射鱼雷，鱼雷发射顺利，并准确命中预定目标，试验取得圆满成功。

这两次试验中，黄旭华坐镇水面舰艇参与决策指挥，见证了全部试验的顺利完成。综合航行试验及深水系列试验的顺利完成，有力证明了“091”的研制是成功的。它标志着我国第一代攻击型核潜艇的研制走完了全过程，具备巡逻实战能力，也在我国国防建设及海军武器装备发展史上留下了浓墨重彩的篇章。

黄旭华在大潜深全速航行试验中在指挥舰上观测“404”艇艇位

大深度发射鱼雷试验过程中，黄旭华（左）与张金麟（中）等人在指挥舰上讨论试验情况

导弹试验　初射成功

“09”工程由“堆”（艇用核反应堆）、“艇”（核潜艇总体）和“弹”（潜射弹道导弹）三个子工程组成。没有“弹”的核潜艇不过是没有牙齿的鲨鱼。“09”工程历经 1958 年获批、

1963 年下马、1965 年恢复上马，“堆”和“艇”的研制捷报频传、日新月异，潜射弹道导弹的研制也步步为营，不断取得突破，“堆”“艇”“弹”三驾马车大体保持着协调与同步。

1968 年，我国“两弹一星”元勋、“东风”型号导弹副总设计师黄纬禄出任潜地导弹总体设计部主任，担纲潜地导弹研制的技术抓总工作。自此，因为“09”工程，为了“艇”“弹”协同，黄旭华与黄纬禄被安排到了一起，并称“09 二黄”。1979 年，黄纬禄被任命为潜地导弹型号总设计师；1983 年，黄旭华继任“09”工程第二任总设计师时，黄纬禄被任命为“09”工程副总设计师。他们不仅一直相互配合，而且都是事必躬亲，二人并肩战斗，逐渐成为风雨同舟的战友。

核潜艇副总设计师、潜地导弹总设计师黄纬禄在潜射导弹旁工作

1970 年，在黄旭华及总体所等单位的协同与支持下，713 所主持的导弹水下发射系统研制成功。同时，黄纬禄在黄旭华的密切配合下，顺利完成了一系列缩比模型弹射试验、研究性试验、模拟发射试验，取得了水下弹道研究的各类试验数据。1972 年 10 月，首次真实海况下常规潜艇水下发射全尺寸潜地模型弹试验获得成功；1981 年 6 月 17 日，潜地遥测导弹陆上发射台发射试验成功；1982 年 1 月 7 日，潜地遥测导弹陆上发射筒发射试验成功。潜地导弹的研制趋于成熟，将接受真实的

潜艇水下发射试验。

潜地导弹发射经上述各项试验后，进入潜艇发射遥测弹试验阶段，这是真正考验潜地导弹从水下发射、出水、空中飞行控制、落地命中目标全程飞行状态的试验。黄旭华说这个试验还只是使用遥测弹在常规潜艇上进行发射试验，取得成功后才能将试验转入下一阶段的核潜艇实弹试验，核潜艇实弹发射试验成功，才表明核潜艇具备巡航实战能力和战略及战术威慑力。

资料显示，我国的潜射弹道导弹试验是按照计划分三次进行的，分别称为"9182"任务、"9185"任务和"9188"任务。

"9182"任务是使用常规潜艇水下发射我国自行研制的"巨浪一号"潜地导弹。由于参试的常规潜艇、潜射弹道导弹、飞行控制及测控系统都是我国自行研制的，试验任务和技术难度大。为了保证"9182"任务的顺利进行，1980年，由海军和国防科委主要领导组成的潜地导弹海上试验领导小组成立，对整个试验承担行政领导和组织指挥的任务。1981年，试验总师制度得以建立，黄纬禄任试验总师，黄旭华及国防科委测量通信总体研究所副所长沈荣骏、海军潜地导弹试验部队参谋长谢国琳任试验副总师。黄旭华作为副总师负责"9182"任务中的技术协调工作。

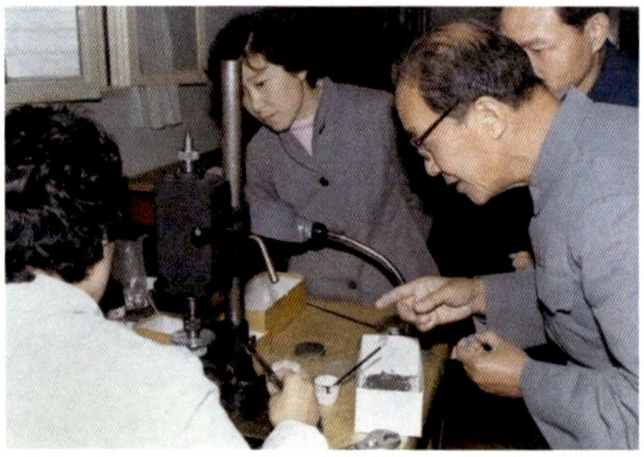
黄纬禄指导监测潜射导弹元器件

“9182”任务有各类参试人员近3万名，二线工作人员近4万名，地域跨度近3000千米。试验导弹飞行分为首区、一级落区和末区。黄旭华、黄纬禄同时出任“9182”任务首区的副总指挥，承担潜地导弹的检验和测试、发射前的检查和准备、通信系统的准备、海上一级落区的警戒和气象保障等任务。当时首区指挥部设在海军试验基地第二试验区。

执行“9182”任务的是常规潜艇“长城200号”，是我国当时唯一的一艘常规弹道导弹潜艇，是在苏联“629”型潜艇的基础上仿制的，是中国人民解放军海军“031”型潜艇的首艇，其体形可媲美“091”核潜艇。黄旭华对“长城200号”非常熟悉，“092”的方案论证及总体结构设计极大地参考与借鉴了该艇的设计思想和技术，“长城200号”在工程学上是“092”的母艇，对我国弹道导弹核潜艇的研制功不可没。

1982年8月底，“9182”任务准备工作基本就绪，中央军委副秘书长张爱萍将军代表国务院、中央军委亲临试验现场视察各项发射准备工作。经过走访、检查、观看模拟演练、

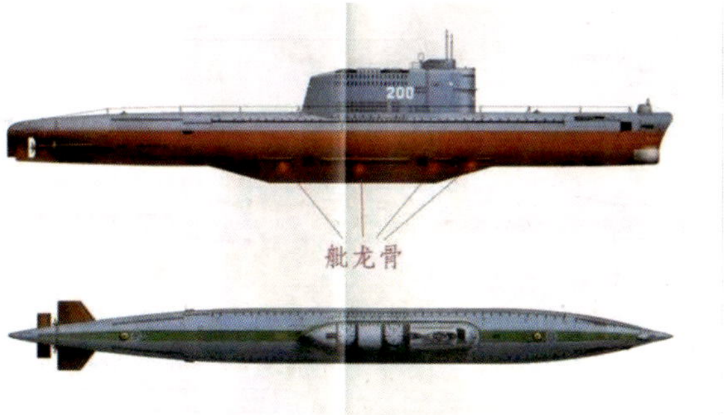

“长城200号”常规潜艇模型图

听取工作汇报，张爱萍将军对各项准备工作非常满意，兴致勃勃地进行了三次题词：为执行任务的“长城200号”弹道导弹潜艇题下了“骑鲸蹈海，激浪冲天”；为潜地导弹试验基地题下了“哪怕狂风激恶浪，定叫惊雷震海天”；为发射首区指挥部所在的海军第二试验区题下了“试验冲破千重关，操作练就绝妙手”。

黄旭华对张爱萍将军题词的过程印象深刻，对题词欣赏不已，并将其运用到他后来创作的讴歌“09”精神的两首歌的歌词中。

1982年9月20日，张爱萍将军在北京召开“9182”任务动员大会，发布了“9182”任务动员令，要求全体参试人员进入“战时状态”，并借用中央军委主席邓小平“成功了是你们的，失败了是我的”的话来勉励大家。

1982年9月23日，全体试验区参试单位和人员组织了最后一次合练，一次成功。各项准备工作全部就绪，各位参试人员全部到位。

“巨浪一号”潜地导弹

1982年10月1日，中华人民共和国新华通讯社经授权向全世界发布禁航公告，公布我国将于1982年10月7日至10月26日间，向以北纬28度13分、东经123度53分为中心，半径35海里圆形海域范围内的公海上发射运载火箭。

然而，1982年10月7日15时14分01秒，潜地导弹出水100米后突然失控翻转，飞出安全范围后凌空爆炸，首射失利。

中央军委及海军领导没有追究首射失利的责任。聂荣臻、徐向前、张爱萍等领导人相继作出指示，要求大家不要泄气、不要相互埋怨，认真总结经验、找出问题，以利再战。黄纬禄、黄旭华等参试人员放下思想包袱，迅速组织技术人员进行分析、审核和检验，很快找到了事故的原因。

连接一级弹体和二级弹体的控制信号传感的插头提前脱落，造成了“9182”任务的首射失败。这次发射虽然失败了，但黄纬禄和黄旭华却认为这次事故很有价值、意义重大。它类似科学研究中的验证性试验，让他们在无意中有了新的收获。

一是导弹发射出现事故后可以自毁，符合先进武器设计原则；二是导弹出现事故后可以自行飞出安全区，不会坠落砸伤艇体，表明艇体姿态控制和弹道控制科学；三是导弹自毁后弹体和火箭发动机均炸成碎片，不会对溅落区的人、物造成严重的二次伤害。

黄纬禄优化了导弹弹体间的插头设计，并采用了双保险的解决方案，确保了发射的可靠性。“9182”任务第二次发射进入倒计时。

1982年10月12日15时01分，“长城200号”于水下发射了第二枚潜地导弹。导弹出筒、跃出海面、二次点火，然后拖曳着长长的烟龙直上云天，划出一道优美的弧线后消失在遥远的天际。黄旭华既紧张又兴奋，指挥所里寂静无声，大家屏住呼吸，倾听着导弹飞行情况的报告。

“导弹发射正常！”

“一级发动机点火！”

“导弹两级分离！”

“头体分离正常！”

播报完毕，大厅一片寂静，大家的心立刻都提了起来。约 10 分钟后，指挥所大厅广播传来新的报告。

“末区发现目标！”

“弹头命中预定海域！”

“巨浪一号”发射出水的瞬间

成功啦！

黄旭华和黄纬禄紧紧地拥抱在一起，其他人也纷纷上来握手道贺。10 月 16 日，中共中央、国务院、中央军委向全体参试人员发来贺电；次日《人民日报》《解放军报》头版均报道了“9182”任务试验成功。

黄旭华、黄纬禄与“9182”任务参试官兵留影（前排左二黄旭华、左五黄纬禄、左六张爱萍）

在1986年的全国科学大会上，“固体潜地战略武器及潜艇水下发射”与“我国第一代核潜艇的研究设计”同获1985年度，也是我国首届国家科学技术进步奖特等奖。黄旭华、黄纬禄分别因为在核潜艇研究设计和潜地导弹发射上的卓越贡献而获此殊荣。

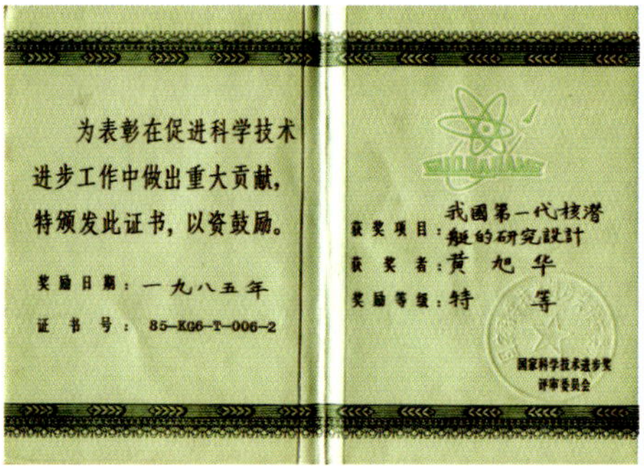

黄旭华因“091”研制获国家科学技术进步奖特等奖

攻克难关　潜射成功

“9182”任务中潜地导弹是利用常规潜艇发射的，只有在弹道导弹核潜艇上发射成功，整个试验工作才算完成，“巨浪一号”潜地导弹才能定型。因此，“9182”任务成功后，利用弹道导弹核潜艇发射“巨浪一号”潜地导弹的试验进入了议事日程，这个试验被称为“9185”任务。

为了确保“9185”任务的顺利完成，总体所循序渐进，先期于1984年4月6日至28日进行了代号为“915”的试验。试验取得成功，证明了“092”操纵性能良好、发射系统设计正确，“艇”与“弹”协调合理，符合发射条件，具备实射潜地导弹的能力，满足执行“9185”任务的条件。

1985年3月21日，正值“9185”任务的前期，“915”试验工作正酣、“9185”任务正式实施在即、“403”艇最大自给力极限长航准备工作紧张进行之际，黄旭华接到了来自广东老家的电报，二哥黄绍振逝世。但时任总体所所长的黄旭华依然无法抽身，他别无选择，只好致唁电一封，再一次背负了对亲人的愧疚。

1985年5月，依据中共中央、国务院、中央军委的指示精神，国防科工委和海军向有关单位下达了执行“9185”任务的命令。参照“9182”任务模式，这次任务成立了发射首区和末区指挥部，首区由黄纬禄、黄旭华、赵仁恺、周湰林四人组成总师组，黄

黄旭华参加“9185”任务首区指挥部誓师大会

纬禄任组长。

1985年9月28日，“406”艇到达发射海域，各项准备工作就绪后首次实施水下发射潜地导弹。导弹出水顺利，但飞行爬高后导弹变得不稳定，稍后翻转自毁。10月7日和10月15日又相继进行了两枚导弹的发射试验，均未取得成功，“9185”任务失败。

“406”艇发射潜地导弹失败后，原因很快被锁定，是点火方式发生变化造成的。“9182”任务发射遥测弹是采用水下发射、水上点火的方式，而“406”艇发射潜地导弹是采用水下发射、水下点火的方式。

经过缜密的分析后，黄纬禄充满信心地断言，依据“巨浪一号”潜地导弹的技术特点，继续采用水下发射、水上点火的方式进行发射试验，肯定可以取得圆满成功。

1986年11月，因为工作需要，黄旭华出差去深圳大亚湾核电站。由于工作进行得非常顺利，比计划的时间提前完成，黄旭华也已经阔别了亲人整整30年，深圳离老家又那么近，想回家看看的强烈愿望油然升起。经请示并得到上级的同意后，黄旭华终于在月底前往肇庆看望母亲曾慎其，也和工作在此的弟弟妹妹们相聚了。30年的离别仅化为三天的重聚，但黄旭华依然不能解释他这么多年来的过往。三天后，黄旭华再次踏上征程，辞别了白发苍苍的母亲及弟弟妹妹们。

1987年，第二次弹道导弹核潜艇水下发射潜地导弹试验正式启动，试验被称为“9188”任务。同年底，“9188”任务进入实施阶段。黄旭华出任发射首区副指挥长，黄纬禄担任总设计师顾问。执行“9188”任务的依然是“406”艇，艇长为杜永国。

1988 年 8 月 19 日，国务院总理李鹏亲临“9188”任务首区视察发射准备工作并题词勉励全体参试人员。

1988 年 9 月 7 日，中华人民共和国新华通讯社经授权向全世界发布禁航公告：中华人民共和国将于 1988 年 9 月 14 日至 10 月 3 日之间，向以北纬 28 度 13 分、东经 123 度 53 分为中心，半径 35 海里圆形海域范围内的公海上发射运载火箭。

黄旭华、黄纬禄、赵仁恺三总师在执行“9188”任务的“406”艇前留影

1988 年 9 月 15 日上午 9 时，参试人员各就各位，杜永国指挥“406”艇悄然离港，发射工作进入倒计时。其时在“406”艇上担任二岗（技术保障任务）的钱凌白在回忆录中描述了导弹发射的过程。

> 9 月 15 日，刮着南风，能见度很好。核潜艇和试验执勤船队出海到试验区。当首区指挥部发出“2 小时准备”命令时，首区指挥部立即进入全面待机状态。潜艇下潜，开始水下航行，艇长杜永国命令导弹发射系统进行自检并对“巨浪一号”导弹进行检测，首区的所有监控设备开始记录从核潜艇发来的信号。接着首区指挥部指挥长王惠悫（海军 23

试验基地司令）发出“1 分钟准备”指令。当倒计时钟显示出 30 秒时，核潜艇导弹部长报出了剩余秒数。接着，安全装置解锁，弹上脱落，插头脱落。“发射！”艇长下达了命令，操作手按下了红色按钮。当导弹射出时，我们在艇上的人员都听到一声轰响，艇轻微地震动一下，很快就恢复了平稳，大家都宽慰地舒了口气。潜艇轻轻地关上了发射筒盖。

潜射导弹成功发射

导弹刺破海面，拖着长长的橘红色火焰直飞长空，直至消逝在人们的视野中。黄旭华和大家一样，紧张地倾听着总调度台不时传来的消息。

“导弹飞行正常！”

“跟踪正常！”

“第一级发动机脱落！”

“第二级发动机点火！”

“第二级发动机脱落！”

不久，在海上等候已久的“远望一号”“远望二号”测量船也相继传来报告。

“发现目标！”

“遥测船已测到再入舱，飞行正常！”

“再入舱溅落！”

“正中落点目标！”

“远望一号”

刹那间，各路参试人员欢声鼎沸，所有舰船汽笛长鸣，庆贺发射成功。握手、击掌、拥抱，此起彼伏的庆贺浪潮席卷首区指挥部，所有人热泪盈眶、心潮澎湃。几十年的热血、几十年的汗水、几十年的艰辛、几十年的委屈终于换来了巨大的成功。

“406”艇返航后，我国“09”工程首任总设计师彭士禄、第二任总设计师黄旭华、副总设计师黄纬禄和赵仁恺齐聚于凯旋的第一代弹道导弹核潜艇“406”艇前合影。这是一张

我国第一代核潜艇研制工程四位总设计师聚于弹道导弹核潜艇前，左起依次为副总设计师赵仁恺，总设计师彭士禄，副总设计师黄纬禄，副总设计师、第二任总设计师黄旭华

极具纪念价值的照片，它成为我国作为世界核潜艇俱乐部成员最富代表性的见证。

“9188”任务圆满完成后，黄旭华先后受到了聂荣臻元帅、中央军委副主席刘华清的亲切接见。1989 年 12 月 24 日，在潜地核导弹武器系统定型审查会结束后，中央军委副主席刘华清再次接见了黄旭华、黄纬禄等诸多为核潜艇奋斗了大半生的老同志。刘华清激动地对他们说：“毛主席等老一辈无产阶级革命家下的决心，现在终于实现了。1988 年海上试验成功，今年就要定型了，为祖国、为党争了一口气！大家是做出了巨大的贡献的，应当向所有参加研制工作的专家、广大科技人员、工人、解放军指战员表示由衷的感谢！”

听完刘华清副主席的话，黄旭华百感交集。的确，为了毛主席的誓言，为了人民的福祉，为了自己的梦想，他们这一代核潜艇人默默地、无悔地奉献了自己的一生。

1991 年 2 月，国务院、中央军委军工产品定型委员会批准了“巨浪一号”潜地核导弹武器系统定型。“092”弹道导弹核潜艇、潜地导弹及其发射系统经过了若干年的改进与完善后逐步成熟，我国第一代核潜艇研制工作基本结束。

1996 年，黄旭华因为在“092”弹道导弹核潜艇研制中的重大贡献，获得国家科技进步奖特等奖。至此，我国第一代核潜艇研制圆满落幕，“09”工程顺利完成，甚至超越了预期目标，黄旭华也因为年龄的缘故渐渐退居二线。

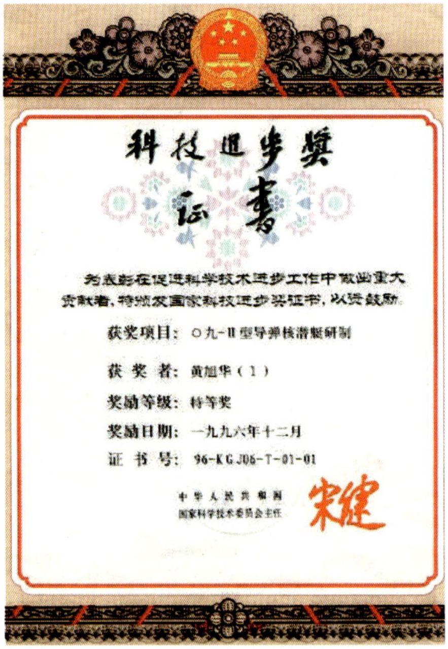
科技进步奖

证书

为表彰在促进科学技术进步工作中做出重大贡献者，特颁发国家科技进步奖证书，以资鼓励。

获奖项目：○九-Ⅱ型导弹核潜艇研制

获 奖 者：黄旭华（1）

奖励等级：特等奖

奖励日期：一九九六年十二月

证 书 号：96-KGJ06-T-01-01

中华人民共和国

国家科学技术委员会主任 宋健

黄旭华 1996 年因“092”导弹核潜艇研制获国家科技进步奖特等奖

★第五章
家国情怀　无名无悔
矢志不渝中国梦

坚持锻炼　老骥伏枥

无怨无悔　践行誓言

自 20 世纪 90 年代中期起，“091”“092”改装完善工作渐近尾声，步入古稀之年的黄旭华逐步从一线领导岗位、

黄旭华退居二线后，依然保持高度的工作热情

技术岗位退出，进入人生余晖与总结阶段。与此同时，随着环境的变化及"09"工程的部分解密，"09"工程的面纱也被慢慢揭开，人们开始津津乐道于这旷世壮举。黄旭华的特殊履历及动人事迹也逐渐被媒体报道，在震撼和感动着社会的同时，国家和人民也一步步回馈给他应得的荣誉、鲜花和掌声。然而，站在聚光灯下的黄旭华依旧不忘初心、坚守梦想与家国情怀，牵挂着我国核潜艇的发展及"09"精神的弘扬。

著名作家祖慰

80 岁之前的黄旭华几乎是一个"无名、无悔、无求"的人。借用著名作家祖慰先生的说法，黄旭华的人生"赫赫而无名"。在国内最完整、最系统报道黄旭华人生及事迹的人便是祖慰先生。祖慰先生在 1987 年第 6 期的《文汇月刊》上发表了一篇长篇报告文学，题为《赫赫而无名的人生》。文中描述了一位 1949 年上海解放时自上海交通大学毕业的广东客家后裔，为研制我国第一代核潜艇隐姓埋名 30 多年的感人故事。主人公是"我国第二任核潜艇总设计师"，被作者誉为"中国核潜艇之父"，但这位主人公没有姓名，也没有照片或者影像，只有一个"他"。

黄旭华以"他"的形式出现在对外发行的期刊上，是距离 1958 年他开始参与"09"工程近 30 年之后。其实他在 20 世纪 50 年代前期参与苏联舰船转让仿制时就已经隐姓埋名了。而从 1987 年至今，又过去了 30 多年，黄旭华才逐渐进入大众的视野。所以说，黄旭华的大部分人生都是在默默无闻中度过。即使在今天，由于 719 所特殊的性质，对于他的采访与报道依然需要严格的流程及必要的审批。

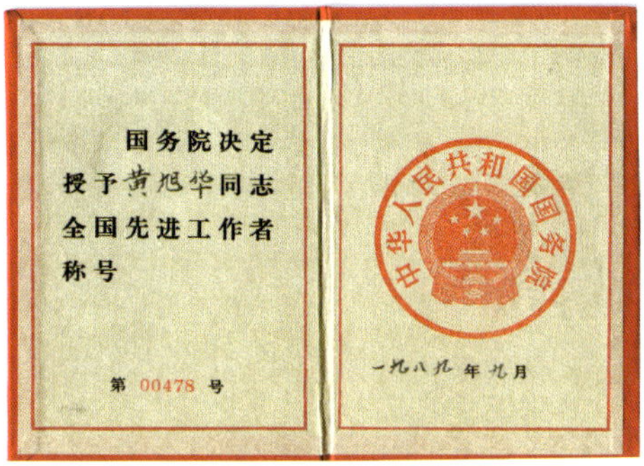

黄旭华获全国先进工作者称号

虽无名，亦无悔。正如一位国家领导人所说：“别的战线的功臣可以宣传，让人民知道他们。而你们，只能一辈子当无名英雄。”黄旭华就是这样，当了几乎一辈子“无名英雄”，依然无怨无悔、甘之如饴。

这 30 年，不是幼稚青涩的 30 年，更不是桑榆已晚的 30 年，而是人生最充沛、最富才华、最能奉献的 30 年。这 30 年，黄旭华除了时而给家里寄点钱以外，与父母、兄弟姊妹几乎没有交流。即便是自己的三个女儿，也仅有大女儿在考进总体所工作之后才得知父亲所从事的工作及其性质，其他孩子似乎也以为自己的父亲泯然于众人，不曾知道自己的父亲一直在默默铸造镇国利器。

简朴的工作环境

30 多个春秋，吃了一茬又一茬的苦，从不抱怨；受了一桩又一桩的委屈，从不诉说。委以重任，不骄不躁，安之若素，继续埋头工作；得了荣誉，默默地藏起证书，从不与外人道。无名、无悔亦无求，这就是黄旭华的品质与情操。

我国核潜艇的研制难度之高是常人难以想象的，业内许多专家甚至认为难度高于“两弹一星”工程，作为一个自始至终坚守在核潜艇研制一线的核心技术专家、工程主要领导与组织者，如此功勋卓著，黄旭华却从未向组织提出过任何私人层面的要求，包括可以正常享受到的有关照顾子女就业的政策。

退居二线后，黄旭华从不以行政级别或者院士待遇来要求享受相应的医疗、福利或者住房，不搞特殊化，自觉接受组织分配，就连技术人员的职称评定这种再基本不过的权利，他也是一再推让，直至高层直接干预方才作罢，其过于严苛的自律让妻子子女深感无奈。

不追名逐利、不以位谋私、不居功索禄，是黄旭华的人生信念。

黄旭华表示，他无怨无悔，即使再来一次，他依然会这么选择，依然始终践行入党时的誓言。

入党转正思想汇报时，我对支部书记说：“列宁曾经说过，如果党需要他一次把血流光，那他就毫无遗留；如果需要他一滴一滴地流，他也会做到。我要以列宁这番话要求自己，无论需要我怎样流（血），我都会直到把血流光为止。”所有的名利我都可以不要，家里的问题我也忍受下了，为的是毛主席那句“核潜艇，一万年也要搞出来！”，那是天大的事情。其他事情都可以忍受，都可以放弃，我是这样的思想。

在黄旭华的家国情怀及价值选择中，天下为重，国家为先。忠孝无法两全时，对祖国的忠就是对父母的孝。

黄旭华说“对祖国的忠就是对父母的孝”

才艺痴翁 温馨家庭

在 1988 年 4 月 29 日极限深潜试验成功后，黄旭华即兴赋诗自诩“痴翁”，的确，黄旭华一辈子都有一股“痴”劲。

首先，是黄旭华对核潜艇的痴迷、对事业的痴迷、对梦想的痴迷。

在艰难坎坷的求学历程中，他树立了科学救国的理念，梦想自己亲手设计建造舰船捍卫祖国的安全。黄旭华大学毕业后虽然在行政工作成绩上很出色，甚至有很好的政治前途，但他不忘初心，依旧痴迷于实现自己的梦想。

黄旭华永远痴迷核潜艇

1958 年，命运向黄旭华伸出了橄榄枝，让他得以参加我国与“两弹一星”工程比肩的核潜艇研制工程。他不辱使命，筚路蓝缕、殚精竭虑，让一代两型核潜艇驰骋在大洋之中。大半个世纪以来，他有很多很好的机会离开这个战场，至少在核潜艇工程首次下马及第一代核潜艇研制完成之后，核潜艇研制工程历经坎坷之时，以他的地位、成就及专业能力，可以做出更有前途、更加舒适的选择，可他没有放弃、没有逃离，而是毅然决然地痴心坚守在核潜艇研制第一线。

自 1958 年起，在所有从事过核潜艇研制的中高层领导及专业技术人员中，黄旭华是唯一一位不曾离开核潜艇事业半步的核心人员，没有之一。

其次，他的“痴”还表现在对荣誉、地位、待遇、福利的漠不关心。他从未在意过这些，更谈不上索求与计较，他的孩子们谈起这些颇感无奈与委屈。

黄旭华虽然工作兢兢业业、成绩斐然，但由于太过醉心于工作，有时在生活中当真是有些“痴呆”，让人哭笑不得、忍俊不禁。在此笔者分享两则事例，以飨读者。

大约在“091”首艇下水前后，有一次黄旭华到某市出差，处理完公事路过一家百货商店，于是琢磨着给妻子带点什么，既表达对妻子的关爱，又弥补对妻子的亏欠。逛了许久没有找到一个合适的礼物，正发愁时，发现几位女同志在排队买一种印花布料，他凑过去一看，颜色花纹都适合妻子李世英，便跟着也扯了一块布料。回家后，他得意洋洋地将布料送给妻子，傻笑着等待妻子的表扬。李世英打开一看，气不打一处来，这种印花布料的衣服她早有一件，都穿好几年了，黄旭华愣是不记得。看着丈夫不知所措的样子，李世英心疼不已，只好哭笑不得地对他说：“你背得出你工程上的多少数据，就记不清我在你面前穿了几年的花布衣服！”

黄旭华夫妇与核潜艇在一起

2014 年上半年的一天，黄旭华像往常一样准时去上班。他拎着工作包，大步向办公楼走去，可走着走着，怎么都觉

得脚不舒服，平常穿的鞋子今天怎么就特别别扭。当他工作起来便忘记了这事，但下班回家的路上又是一路走一路疼。回到家之后，他就对李世英说："哎呀，我的脚今天怎么这么疼啊！"李世英定睛一看，原来是鞋穿反了，能不硌脚、能不疼么！李世英又气恼、又心疼！

然而，黄旭华并非一个刻板无趣、只专注科研工作的人。他的人生也可谓丰富多彩，算得上一位志趣高雅、才艺双馨的科技工作者。他的"痴"是源于他的心无旁骛与无私奉献。

求学读书阶段，黄旭华就注重全面发展，不仅学习成绩优异，文艺、体育也超越同侪，尤其在文艺上表现出较好的天赋和才能。八岁左右，黄旭华在父亲的指点下学会了演奏扬琴；十岁在树基小学读书时学会了吹奏口琴；他在作矶小学时开始上台表演歌剧，此后在读书的过程中，但凡有文艺演出，他基本都是积极分子。在交通大学求学期间，他又学会了拉小提琴。

黄旭华在交通大学时练习小提琴

在漫长、紧张、繁忙的核潜艇研制工作中，唱点小调、哼点歌曲，成为黄旭华放松心情、调节压力、释放郁闷，以及寻求灵感最便捷、最有效的方式。当然，独乐乐不如众乐乐，他亦经常向同事们展示自己的才艺。或一展舞姿，或即兴放歌，或操琴演奏，或在晚会上、设计室内、车间内、深潜中，通过表演为大家舒缓紧张的情绪，调节工作气氛。

黄旭华不仅会识谱唱歌，还会写歌谱曲。退居二线后，他系统梳理了我国核潜艇研制艰难、坎坷的历程，总结提炼了核潜艇精神，他潜心、真诚谱写的《“09”人之歌》《“09”战歌》是核潜艇精神最贴切的写照，完美地诠释与讴歌了我国第一代核潜艇人的奉献精神与爱国热忱。

耄耋之年的黄旭华在演奏扬琴

90 多岁高龄时的黄旭华应来访者要求即兴吹奏口琴

黄旭华爱唱歌、爱写歌，他的家人也受其感染与熏陶而热爱音乐，他们家自然而然地形成了开家庭音乐会的传统，音乐成了一家人其乐融融的纽带。李世英也因着丈夫的喜爱，总是在黄旭华过生日的时候尽可能地挑选与音乐相关的生日礼物送给他。

祖慰先生曾在其作品中这样描述黄旭华家的音乐会。

> 不是节日，不是周末，一个平常的日子，平常的时刻。这个家里，会传出一阵合唱。并不协和，并不动听，因为这一家子没有一位学过声乐，没有一个“金嗓子”。嗬，曲目广泛得超过任何合唱团：有用俄语唱的俄罗斯民歌，淡淡的哀愁；有用英语唱的美国黑人歌曲，沉沉的泣诉；有铿锵的古典音乐贝多芬第九交响乐中的《欢乐颂》；有轻松的流

行歌曲《什锦饭》；有绝响古曲《阳关三叠》；还有神圣安宁的宗教歌曲《米赛亚》《圣诞之夜》……大女婿在与大女儿初恋时，第一次到她家做客，就听了他们即兴的、随意的、无仪式的，似乎是毫无目的的合唱。大女婿对大女儿说：“你们真有意思。我不敢说全世界，但我敢说全中国，绝不会有这样爱唱歌的而且是无拘无束唱歌的家庭！”大女儿说：“这有什么稀奇？我们家从来都这样，你们家不是这样？”

黄旭华大女婿张卫创作的“全家大团圆纪念”素描

黄旭华除了以良好的心态投入工作之外，还长期坚持健身，所以他看上去总是那么精神矍铄、精力充沛。在工作较为稳定的时候，或者时间允许，黄旭华总要抽空打半小时左右的太极拳。他的太极拳兼具杨氏太极和陈氏太极的路数，是他在自己的体质基础上，结合太极和长拳的特点自创的，可谓一绝。自20世纪70年代以来，只要不出差，他必定黎明即起，于7点左右练拳，几十年从不间断，这已然成为总体所家属院里的一道风景。

黄旭华90岁时晨舞太极

黄旭华积极参加各种老年人的文娱活动，2012年被评为武汉市武昌区中老年组“健康之星”。他还担任总体所老年合唱团的指挥，气势雄浑不减当年。此外，他还鼓励年轻的行政与技术人员锻炼身体，在90多岁高龄时，还亲自给年轻人示范太极拳。

黄旭华指挥总体所千名员工高唱红歌《歌唱祖国》

周末，设若天气晴好，黄旭华一家人会去武汉周边郊游，亲沐自然。磨山周边的各类主题公园及中国科学院武汉植物园是他们家最常去的地方，看到感兴趣的植物，黄旭华会立刻拿起放大镜仔细研究并拍摄存档，一如他过往检视核潜艇的每一个零部件那般。他们家的阳台虽然不大，但精巧布置了各类绿植与鲜花，其中的蝴蝶兰总能引起来访者的注意，其枝形、朵状与颜色均出类拔萃。

黄旭华在武汉磨山植物园内精心观赏植物并拍照存档

用“厚德载物亦兴家”这句话，来形容黄旭华的家很贴切。黄旭华的家，充满温馨与关爱，自由与达观的精神、勤勉与向上的态度是其家风的体现。

黄旭华培育的蝴蝶兰

黄旭华能够在事业上取得巨大的成功，身后无私奉献的夫人李世英功不可没。

作为妻子，李世英对丈夫的事业给予无尽的支持，让黄旭华可以心无旁骛地专注于核潜艇研制。姑且不说家中琐事，就是身怀六甲、入院生子、孩子生病等都自己一个人扛着，甚至不让黄旭华知道，以免他牵挂分心而影响工作。

在生活上，李世英对丈夫照顾得细致入微。黄旭华常年出差，在外的日子远远超过居家的时间，不论春夏秋冬，或急或缓，李世英总能把他的行李准备妥当，从没耽误他的行程。无论在何种条件和环境下，黄旭华总能比其他人显得精神、整洁而干净，给人一种优雅得体而又不张扬的感觉，这全归功于李世英。有段时间，黄旭华因为工作太忙一直没空去理发店修剪头发，于是李世英买来理发工具在家里帮他打

李世英仔细替黄旭华整理着装

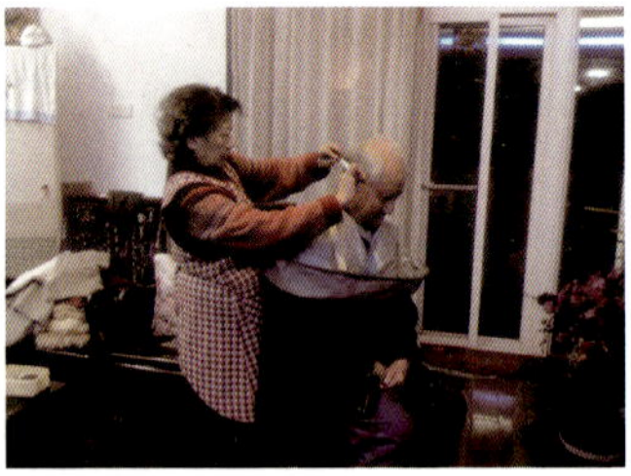

李世英为黄旭华理发

理，竟然弄得有模有样。自此，李世英就成了黄旭华的家庭理发师，几十年来，黄旭华的头发全由夫人李世英打理。

夫人李世英与婆婆曾慎其一起在凉台晒衣

作为女儿，作为儿媳，李世英对双方父母的尊敬与爱戴，也是体贴入微的。黄旭华参加“09”工程之后，是李世英坚持与黄旭华的母亲书信往来，联系不断。平时，遇到黄旭华的父母、兄弟姊妹及大家庭中生日喜庆事宜，也是李世英提醒或代致问候，尽显做妻子的美德。黄旭华的母亲晚年来武汉与黄旭华一家人小住过一段时间，李世英对婆婆极尽关怀，嘘寒问暖、悉心陪伴，婆媳俩相处非常融洽，曾慎其也是逢人就夸这个好儿媳。

黄旭华虽常忙于工作，但只要有机会，作为父亲的他一定会和女儿们一起玩耍做游戏，偶尔也带女儿们去公园游乐，逢年过节带着女儿们放鞭炮、躲猫猫。小女儿曾对着出差是家常便饭的黄旭华打趣：“爸爸，你回家出差啦！”60岁时，黄旭华依然可以跟女儿们玩得很疯，大女儿黄燕妮会开玩笑地说：“爸爸，过了年我就把你送到幼儿园去。”

黄旭华的家庭非常民主，每一个人都能保持身心的自由。孩子们的学习、就业甚至爱情，黄旭华与李世英只把握大方向，具体的选择从不干预，充分尊重她们的意愿。同样，孩子们对父母的工作情况、生活待遇及资产处置也从不过问，只要是二老的决定，她们均支持与尊重。

核潜之父　名副其实

现在，媒体普遍尊黄旭华为“中国核潜艇之父”，客观地说，这个尊称在中国船舶行业，尤其是对我国核潜艇研制有过一些了解的人中存在一些争论与不同的观点。

早在祖慰先生的报告文学《赫赫而无名的人生》中，就将黄旭华与彭士禄并称为“中国核潜艇之父”。此后，在第一代核潜艇研制资料逐步被解密，以及黄旭华的事迹被公之于众的过程中，越来越多的媒体有感于黄旭华默默无闻的奉献精神，不约而同地沿用“中国核潜艇之父”这个称号来尊称黄旭华，从此，黄旭华就享有了“中国核潜艇之父”的美誉。

笔者基于十年来对黄旭华院士的访谈，以及对“09”工程的深入研究，在此阐释两个问题。

首先，黄旭华院士本人对“中国核潜艇之父”的称号坚辞不受，而且非常反感媒体及他人如此称呼他，几乎每一次

黄旭华被媒体誉为“中国核潜艇之父”

都对来访者强调不要用这个称号。当有媒体及其他来访者执着地追问这个问题时，黄旭华诚恳、谦逊地说：“如果一定要给中国的核潜艇找一个父亲的话，那这个父亲不是一个人，而是一个群体，我国第一代核潜艇研制人员都应该被称为‘中国核潜艇之父’”！

其次，黄旭华实在担得起“中国核潜艇之父”这个称号，其理由至少有二。

第一，黄旭华在核潜艇研制中主要任务是技术抓总，一代两型（“091”“092”）的总体设计与系统集成是他主持完成的，同时配合彭士禄完成了核潜艇总体与核动力协调方案；二代核潜艇的预研也是在他的推动下实施的。于工程技术而言，他的职责与贡献的重要程度在核潜艇研制中无出其右。我国一代两型核潜艇于 1985 年、1996 年两获国家科学

黄旭华说核潜艇事业需要一大批的奉献者

技术进步奖特等奖，黄旭华分别作为第二、第一完成人获此殊荣，都说明了国家对他在核潜艇研制上的成就充分认可。

第二，迄今为止，黄旭华几乎是唯一一位全程参与和见证了我国核潜艇研制过程的核心技术人员及工程组织者与领导者。1958 年“09”工程启动，他是最早一批被选中、最早一批报到的研制人员。1963 年“09”工程下马，他作为极少数核心研制人员被保留下来，并作为“火种”持续保持着对核潜艇的研制。1965 年“09”工程恢复上马前的各种技术准备由他主持完成。“09”工程上马后，他又始终辛勤耕耘在我国的核潜艇研制设计领域。中国核潜艇的发展整整经历了 60 多年，黄旭华不离不弃地陪伴、奉献了一生，迄今仍然魂牵梦绕。

黄旭华一辈子为核潜艇鞠躬尽瘁

仅此两点，如果需要选择一位代表作为“中国核潜艇之父”，黄旭华无疑是最合适的，一句话：他担得起这个称号！

心系核潜　礼赞“09”

桑榆之年的黄旭华依然没有停下自己的脚步，他不忘初心，时刻关心着国家的科技进步与发展，始终如一地心系核潜艇，为了梦想而发挥着自己的余热。

笔者认为，通过第一代核潜艇的研制，黄旭华取得了硬、软两个方面的巨大成果。硬成果就是主持研制成功了我国第一代攻击型、战略型两种型号的核潜艇，这一成果不仅让我国拥有了抗衡超级大国的硬核武器平台，而且建立起一套完备的设计、建造核潜艇的工业生产体系，促进了我国国防工业的飞跃与发展。软成果是基于“09”工程所总结、凝练，并传承着的精神财富——“09”精神。

20 世纪 80 年代末至 90 年代初，鉴于一代两型核潜艇研制所取得的各种丰富的成套技术资料与宝贵经验，黄旭华等人认为有关第一代核潜艇研制的历史文献、技术资料及管理文件必须得到系统整理，为我国下一代核潜艇及相关武器平台的研制提供可资借鉴的资料。因此，经黄旭华等人提议，在国防科工委的支持下，核潜艇总体研究设计所组织部分从事“09”工程的老同志搜集核潜艇研制的各类资料，并予以系统整理。

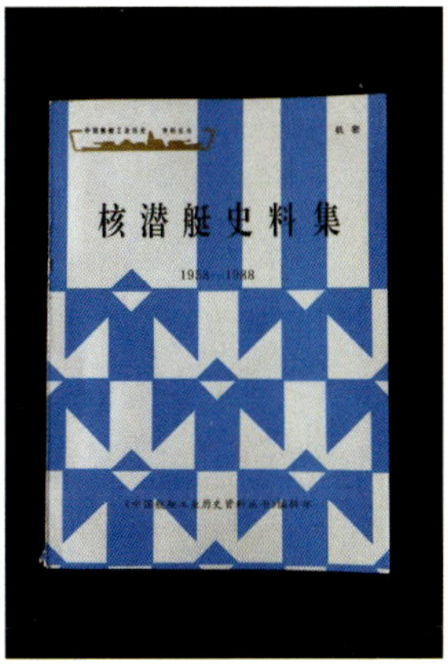

《核潜艇史料集 1958—1988》

黄旭华作为发起者、责任者和参与者，精心筹备与策划，全力收集与科学整理各类资料，终于顺利地编辑完成《核潜艇史料集 1958—1988》，为我国核潜艇研制留下了难得的技术资料与历史积淀。

这本史料集是对我国核潜艇事业发展的一次系统回顾与总结，以技术层面为主，也涵盖了决策层面、思想层面、管理层面的成果，是我国研制新一代核潜艇的重要档案资料与历史文献。

21 世纪以来，彭士禄、黄旭华等人在《核潜艇史料集 1958—1988》的基础上更进一步系统梳理和总结了我国第一代核潜艇研制的缘起、过程、特点、环境、条件等历史经纬，从中提炼出凝结在第一代核潜艇人身上的一种价值观，他们将其概括为核潜艇精神或“09”精神，并把这种精神总结为 16 个字：自力更生，艰苦奋斗，大力协同，无私奉献。

黄旭华认为，“09”精神虽然是“09”工程取得的软成果，是“09”工程的“副产品”，但它在某种程度上比硬成果更加重要，没有它，在当时的那种环境和条件下，一代两型核潜艇几乎不可能按时、保质完成。彭士禄、黄旭华等第一代核潜艇人一致认为，“09”精神是“09”工程最重大的成就与最宝贵的精神财富，它的传承与发扬将支撑着我国核潜艇的研制走向世界的前列。

2012 年 11 月 28—29 日，“核潜艇精神”高层论坛在北京隆重召开，该论坛是由中华人民共和国国史学会“两弹一星”历史研究会联合中国人民解放军总装备部、中国人民解放军海军、中国科学院、国家国防科技工业局、中国核工业集团公司、中国航天科技集团公司、中国船舶重工集团公司等机构共同举办。在这次论坛上，黄旭华应邀做了

“09”精神高层论坛

“弘扬‘09’精神·激励奋进·继往开来·再铸辉煌”的主题报告，报告内容分为八个部分：潜艇发展历史回顾；“核潜艇，一万年也要搞出来！”；研制工作三原则；自力更生，立足国内，走自己的路；大力协同，集思广益，群策群力；艰苦奋斗，力克难关，勇攀高峰；无私奉献，献身“09”，无怨无悔；“09”精神，激励奋进，百尺竿头更进一步。

“09”精神高层论坛部分与会者合影（右起黄士鉴、潘系人、吴洪涛、黄旭华、昝云龙、张维忠、赵国玺）

报告的最后，黄旭华奉上了为“09”精神谱写的《“09”人之歌》和《“09”战歌》两首歌曲。他说，奉上这两首歌，一是抒自己桑榆情怀，二是与“09”工程战线的战友们共勉，三是激励新一代核潜艇研制人员再接再厉、再攀高峰。

黄旭华谱写的《“09”人之歌》的歌词：

我们“09”人，科研战线精英
胸怀祖国放眼世界，兴船报国创新超越
我们“09”人，国防战线尖兵
肩负“09”重任，强我国防，扬我国威，壮我军魂
“09”啊！“09”啊！任重艰巨，神圣而光荣

祖国召唤，只争朝夕，“09”精神，激励奋进
自力更生，艰苦奋斗
大力协同，无私奉献
我们“09”人，献身“09”，勇往直前
默默无闻埋头钻研，赫赫无名铸就辉煌
我们“09”人，热爱祖国，不负使命
擒龙捉鳖，苦战告捷，展望未来，任重道远
百尺竿头，更进一步，一万年太久，只争朝夕

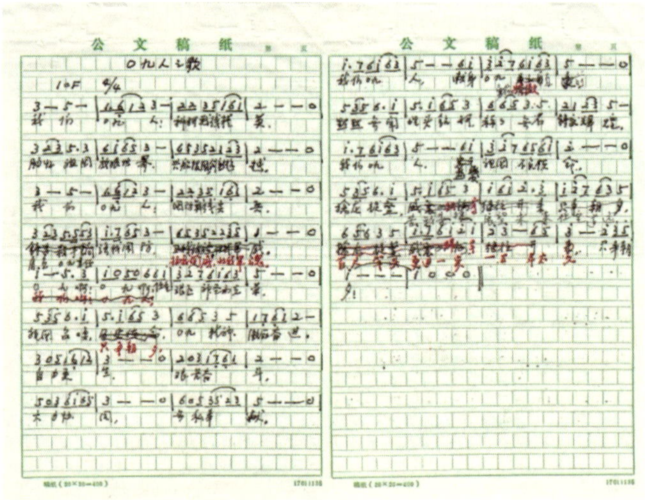

黄旭华创作的《“09”人之歌》手稿

黄旭华谱写的《“09”战歌》的歌词：

“09”健儿志气高，过关斩将逞英豪
哪怕狂风激恶浪，定叫惊雷震海天
骑鲸蹈海日游八万里，五洋捉鳖
驭龙腾飞直上九重天，九霄揽月
奋蹄人生路，志在铸辉煌

自力更生，艰苦奋斗，大力协同，无私奉献
默默无闻埋头钻研，赫赫无名攀登高峰
一、二、三、四，一、二、三、四
“09”健儿志气高，过关斩将逞英豪
哪怕狂风激恶浪，定叫惊雷震海天
哪怕狂风激恶浪，定叫惊雷震海天

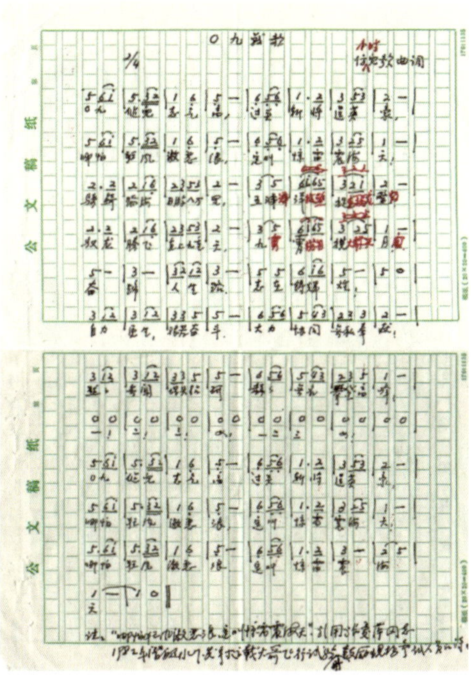

黄旭华创作的《“09”战歌》手稿

黄旭华经常谆谆告诫年轻研制人员，核潜艇研制是一个系统工程，第一代核潜艇的研制成功是我国综合国力显著增强的重要体现，也是我国国家制度优越性的体现。但是我们必须清醒地认识到，我国的核潜艇技战术水平与美国和俄罗斯还有较大的差距，美国重返亚太战略实施后，其先进的核潜艇对我们形成直接的挑战，直接威胁着我国的国防安全。因此，“09”精神在今天依然具有重要的现实意义。老一辈开创的核潜艇精神不能丢，它是一种情怀和力量，比技术还重要，年轻一代要把“09”精神发扬光大，并赋予“09”精神新的时代内涵。

发挥余热　献策解囊

已近百岁高龄的黄旭华依然没有懈怠，生命不息、工作不止，并时刻勉励自己“不忘初心，砥砺前进”。

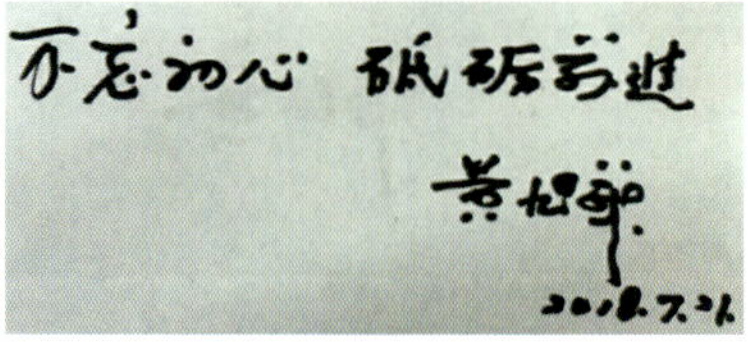

黄旭华勉励自己“不忘初心，砥砺前进”

尽管早已退居二线，但作为中国船舶重工集团公司第七一九研究所的名誉所长及中国工程院的资深院士，他一如既往地关注世界核潜艇技术的发展，同时对我国新一代核潜艇的研制始终保持高度关注，不遗余力，积极献计献策，尤其重视新技术的应用及设计创新。

据透露，黄旭华对我国新一代核潜艇研制的立项、方案设计、结构论证、重大系统技术攻关等，依然在以合适的方式积极参与。他特别强调，新一代核潜艇需要在隐蔽性和导弹武备系统上重点突破。

同时，黄旭华也将视野拓展到行业之外，对国家和地方科技、经济的发展建言献策，对相关领域的技术创新谋篇布局。他不顾高龄，主动积极参与一些国家、地方及行业重要的调研活动，有时甚至精心提交调研报告。总之，只要有需要，黄旭华从来不遗余力、不计报酬、不讲条件，积极奔走在国家与地方的各项事业发展的路上。

黄旭华与总体所年轻设计师们共商新一代核潜艇设计

近年来，黄旭华特别重视科普工作、政治思想教育、青少年教育及社区工作。

黄旭华一直崇尚科技强国，从第一代核潜艇研制中更是体悟到科学技术的重要性，因此他一直高度重视科普工作。他不仅在繁忙的工作之余积极配合各级科学技术协会的科普实践及宣传活动，还经常为湖北省武汉市、武昌区科协捐赠科普资金。晚年，黄旭华与同所的另一位核潜艇总设计师张金麟经常一同前往湖北省英山县金铺中学开展科普教育活动，每次均题词勉励孩子们努力学习科学技术，并将该校确

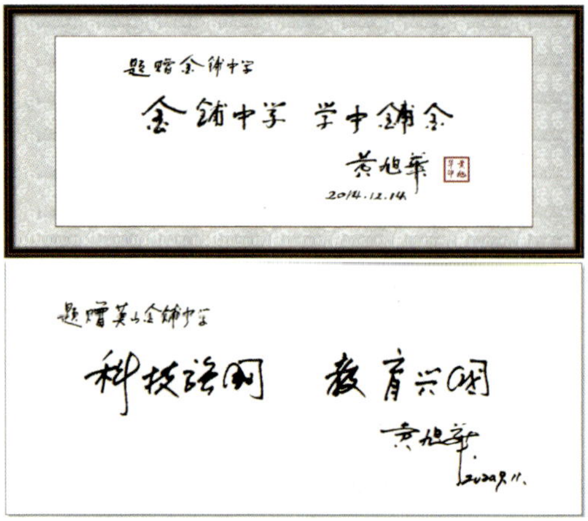

黄旭华为金铺中学题词

定为719所的科普教育基地，为无数山区的孩子开启了科学的大门，让孩子们领略了科学技术的魅力。

黄旭华经常去各高校、机关团体做思想报告，结合自身经历和体会，宣传爱国主义、爱岗敬业和科技创新精神，积极开展各级党组织的各类主题教育活动。他的每一次讲演都生动具体、激情澎湃，极富感染力，许多听众当场流下了感动的泪水。

黄旭华对青少年教育工作非常重视，经常去一些中小学调研，亲切地同孩子们交流，要求孩子们从小就要有理想、有抱负、爱科学、学科学。在比邻719所的武昌区中山路小学“黄旭华院士科技教育中心”，黄旭华不仅亲自抽空与孩子们交流，还鼓励719所其他技术专家来给孩子们做各种有关科学技术的专题报告。现

黄旭华院士科技教育中心在武汉市武昌区中山路小学成立

在，这已经成为719所的一项常规活动。

对于家乡及各级母校的教育工作，黄旭华始终特别关注，白沙中学、汕尾中学、聿怀中学、桂林中学、上海交通大学已经多次留下了他的足迹和身影。黄旭华已经记不清和学子们有过多少次促膝长谈，也记不清回复并勉励过多少位年轻的校友，更记不清捐过多少次钱、赠送过多少资料与核潜艇模型。

黄旭华与母校聿怀中学学生交流读书心得

目前，在这些母校，黄旭华都捐款成立了奖教、奖学的基金，鼓励教师为国家培养人才而努力工作，激励莘莘学子为了国家的强大、为实现自己的梦想而发奋学习。广东聿怀中学、广西桂林中学均在各个年级成立“黄旭华班”，这些学生都以老学长为楷模，勤奋读书，学校教学质量不断提高。

桂林中学“黄旭华班”

作为总体所的老领导，黄旭华还非常关注总体所离退休人员的情况及社区工作。很多退休较早的老职工生活困难，他不仅向组织反映情况，还主动伸出援助之手，并且不向任何人透露，让老同事们的生活尽可能多地充满幸福和快乐。近20年来，黄旭华已经多次为总体所的老职工捐款，用于帮助有困难的离退休职工。

2017年，黄旭华与老搭档彭士禄联袂获得“何梁何利基金科学与技术成就奖”，紧接着相继获得第六届全国道德模范敬业奉献类奖项、首届“潮汕星河成就奖”；2018年，获“世界因你而美丽——2017—2018影响世界华人盛典”终身成就奖；2019年获颁“共和国勋章”；2020年获2019年度国家最高科学技术奖。国家和有关机构为了表彰他为祖国国防事业做出的巨大贡献，对这些奖项均配套发放数额不等的奖金。拿到这些奖金后，黄旭华告诉家人：“这些奖金虽然是国家给予我的奖励，但是我不能拿，必须把它捐出去，让它发挥更大的用途。”黄旭华对助理刘军青女士说，这些钱按照三个用途捐出去：一是用于所里技术创新；二是用于科学普及；三是用于教育。

2021年10月28日上午，黄旭华向中国船舶重工集团公司第七一九研究所捐赠1100万元用于鼓励技术创新，719所以这笔捐款为基础设立“黄旭华科技创新奖励基金”，成立了相应的管理机构，该奖励基金每两年评选一次，用于奖励为推动装备研制事业创新发展做出重要贡献的科研人员。

黄旭华在捐赠仪式上说：

> 我的捐赠，希望起到“抛砖引玉”的作用，起到“种子”的作用，引起社会的响应，让更多的人都来关注、关心、支持科研、教育和科普事业。

据719所有关部门及黄旭华院士助理刘军青女士透露，黄旭华所获得的奖金几乎倾囊捐出，他在这三个方面的捐赠累计达到2100多万元。他的夫人李世英及孩子们充分理解与支持黄旭华的举动，并为之感到自豪与光荣。

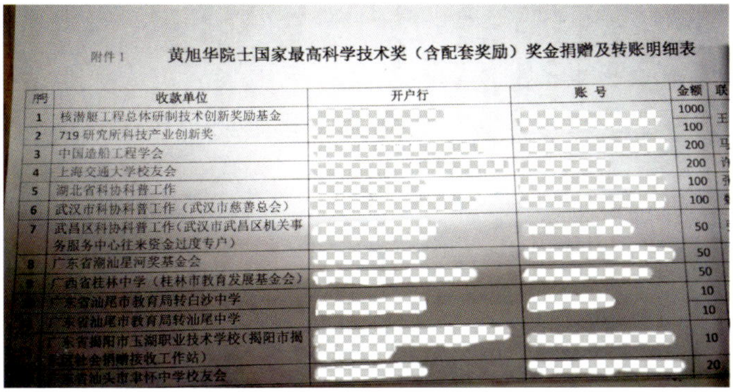

附件 1 黄旭华院士国家最高科学技术奖（含配套奖励）奖金捐赠及转账明细表

序号	收款单位	开户行	账号	金额	联
1	核潜艇工程总体研制技术创新奖励基金	[redacted]	[redacted]	1000	
2	719 研究所科技产业创新奖			100	
3	中国造船工程学会	[redacted]	[redacted]	200	
4	上海交通大学校友会	[redacted]	[redacted]	200	
5	湖北省科协科普工作	[redacted]	[redacted]	100	
6	武汉市科协科普工作（武汉市慈善总会）	[redacted]	[redacted]	100	
7	武昌区科协科普工作（武汉市武昌区机关事务服务中心往来资金过度专户）	[redacted]	[redacted]	50	
8	广东省潮汕星河奖基金会	[redacted]	[redacted]	50	
	广西省桂林中学（桂林市教育发展基金会）	[redacted]	[redacted]	50	
	广东省汕尾市教育局转白沙中学	[redacted]	[redacted]	10	
	广东省汕尾市教育局转汕尾中学			10	
	广东省揭阳市玉湖职业技术学校（揭阳市揭东区社会捐赠接收工作站）	[redacted]	[redacted]	10	
	广东省汕头市聿怀中学校友会	[redacted]	[redacted]	20	

黄旭华捐款清单（部分）

黄旭华始终心系祖国、心系核潜艇，他无数次对媒体说，他过去的梦是核潜艇，现在的梦还是核潜艇，他的中国梦就是中国的核潜艇更上一层楼！

成就与荣誉

60 多年来，围绕核潜艇认知、设计、攻关、建造与试验，黄旭华取得了在工程技术、管理思想与“09”精神及文化等三个方面的成就。

第一，在核潜艇设计、攻关与建造的工程技术领域，黄旭华带领团队取得了艇型、艇体耐压结构等多项开创性研究成果，为我国核潜艇事业的发展奠定了良好的技术基础。

他主持了我国一代两型（“091”“092”）核潜艇总体与核动力协调总体方案；主持开展二代核潜艇总体及关键技术的预研工作，提出了二代核潜艇的概念。

他主持了我国一代两型核潜艇的技术抓总及配套工作，实现了核潜艇各技术系统的集成，确保了一代两型核潜艇的技战术性能的实现。

他提出、论证并决策一代两型核潜艇采用水滴线型艇体，设计了相应的操舵方式，成功地解决水下高、低速航行时的稳性和机动性问题。

他主持攻克了大直径艇体结构设计、耐压弹舱结构设计、水下导弹发射系统、极限深潜等关键技术。

他主持完成了一代两型核潜艇的现代化改装，大幅提升在役核潜艇的综合作战、反潜隐身水平，解决了核潜艇安全延长服役等问题。

第二，黄旭华在核潜艇研制及技术抓总过程中，逐步形成了自己独特的管理方式与创新思想。

他基于我国当时的技术水平、配套能力和战略需要，提出了科学集成与尖端突破的创新思想，并将其作为我国一代两型核潜艇研制的指导思想，这样既能保证快速地解决我国核潜艇“有无”的问题，迅速实现核威慑的战略目标，又能保障我国第一代核潜艇具有优于美苏同代核潜艇的技战术性能，保证其成熟与稳定的同时，为新一代核潜艇的研制积累经验与技术。他敏锐地洞察到世界核潜艇技术发展的走向和关键技战术性能的要求，高屋建瓴地提出了战略型核潜艇设计的“毒蛇”思想。这与当代弹道导弹核潜艇的设计思想不谋而合，并已作为我国最新一代核潜艇设计研制的指导原则，成为一种思想和知识力量。

第三，建构并倡导“09”精神及核潜艇文化。

我国第一代核潜艇的研制过程艰难曲折，其发展道路是第一代核潜艇人用智慧、汗水铺就的。黄旭华将此过程中所形成的价值观念、道德情操、敬业态度、创新思维进行总结和提炼，形成了具有专业特色的“09”精神及核潜艇文化，成为我国核潜艇研制代代传承的精神财富，为我国高新技术及国防工业的发展建立了一种可供借鉴的文化范式。

自 20 世纪末以来，黄旭华获得了非常多的奖励和荣誉，同时也逐渐成为媒体报道的社会热点。

黄旭华的名字首次见诸报端是 1986 年 4 月 17 日，当天的《人民日报》在一则题为《新形势下国防工业任务是什么？国防科技工作如何做？》的报道中，提及了一位名叫黄旭华的船舶专家，但黄旭华是何许人、干什么工作、有哪些贡献并未透露。

1987 年元旦，《人民日报》首次对外披露了我国核潜艇出海航行，其中提及黄旭华等核潜艇幕后英雄的贡献，但依然语焉不详。再其后是祖慰先生的报告文学《赫赫而无名的人生》，由于工作的高度保密性，文中隐去了黄旭华的姓名。

直到 1994 年黄旭华获评中国工程院首届院士，其事迹及贡献才开始清晰地见诸报端。他主持的第一代核潜艇“091”获得解密，首艇“401”在位于青岛的中国人民解放军海军博物馆展出，供游人参观。此后，对于他的采访与报道变得密集起来，尤其是以中央电视台为代表的央媒介入对他的报道，并以“‘中国核潜艇之父’黄旭华：此生无悔”（《开讲啦》）、“黄旭华：承诺与抉择”（《大家》）、“黄旭华：我的一生属于祖国”（《新闻联播》）等专题的形式进行播出后，在全国引起强烈的反响。在黄旭华获得中央电视台“感动中国 2013 年度人物”的殊荣以后，对他的跟踪访谈与报道达到高潮。

黄旭华自豪地说这辈子没有虚度

面对众多媒体的访谈，黄旭华说：“这辈子没有虚度。”

除《人民日报》《光明日报》和中央电视台、新华社等央媒持续高频率地报道外，地方媒体的报道也很广泛。其中，以核潜艇总体研究设计所所在地湖北武汉及黄旭华老家广东揭阳、汕头、汕尾等地的媒体报道占比最大。湖北地区的《长江日报》是国内较早且持续报道黄旭华事迹的核心媒体之一，国内许多媒体报道的内容都转载或改编于此。

除电视、纸媒等传统媒体外，网络媒体对黄旭华的报道在近年成为新的主流报道方式，但内容基本采用传统媒体的报道或者对其进行重新综合编辑后再现，新的资料与内容比较少见。

2017 年 11 月 17 日，习近平总书记亲切会见参加全国精神文明建设表彰大会的代表，他力邀 90 多岁高龄的黄旭华到前排与其坐在一起合影，此举在全国引发巨大的轰动。从此，黄旭华的事迹与贡献传遍大江南北、长城内外，真正是家喻户晓。

2016 年，黄旭华家乡汕头市潮绣传承人洪裕静女士，被黄旭华的事迹与精神深深感动，特地用潮绣工艺花费数日绣了一幅黄旭华的绣像，以勉励自己见贤思齐，将潮绣艺术发扬光大。

黄旭华潮绣像

2018 年 2 月 15 日，黄旭华作为全国道德模范代表出现在中央广播电视总台春节联欢晚会现场，以最高的曝光率收获了全国人民的敬意。

2019 年 9 月，黄旭华获颁“共和国勋章”，次年 1 月获得 2019 年度国家最高科学技术奖。他因对祖国的巨大贡献而收获了国家和人民给予的最高荣誉与褒奖，60 多年无怨无悔地付出，终于得到国家和人民对他的理解、感谢及回报，成了我国家喻户晓的科技名人。

黄旭华应邀出席 2018 年央视春节联欢晚会

据不完全统计，黄旭华所获得的主要荣誉及影响较大的奖励汇总如下。

1978 年，因在核潜艇总体研究设计中做出贡献获得全国科学大会奖。

1982 年，因第一代弹道导弹核潜艇研制下水获得国防科学技术工业委员会二等奖。

1985 年，因在我国第一代核潜艇研究设计中做出重大贡献被授予国家科学技术进步奖特等奖。

1986 年，获中国船舶工业总公司劳动模范称号。

1988 年，因执行“982”实验任务荣获中国船舶工业总公司一等功。

1989 年，被国务院授予全国先进工作者称号。

1990 年，第一批享受国务院政府特殊津贴。

1994 年，因参与完成“092”弹道导弹核潜艇设计与制造项目，荣获中国船舶工业总公司 1993 年科学技术进步奖特等奖。同年，获评中国工程院院士。

1995年，获颁1995年度何梁何利基金科学与技术进步奖之技术科学奖。

1996年，因在弹道导弹核潜艇研制过程中做出重大贡献获国家科学技术进步奖特等奖。

2009年，被评为新中国成立60周年“十大海洋人物”。同年，获评湖北最具影响力劳动模范，并获“荆楚楷模”荣誉称号。

2010年，当选湖北省感动荆楚“十大杰出老人”。

2011年，获上海交通大学杰出校友卓越成就奖。

2014年2月10日，当选中央电视台“感动中国2013年度人物”。

2017年，获得何梁何利基金科学与技术成就奖、第六届全国道德模范（敬业奉献类）、首届“潮汕星河成就奖”。

2018年，获“世界因你而美丽——2017—2018影响世界华人盛典”终身成就奖。

2019年，获颁“共和国勋章”。

2019年，获中华人民共和国成立70周年“最美奋斗者”称号。

2020年，入选由品牌联盟评选的中国品牌人物500强。

2020年，获得2019年度国家最高科学技术奖。

参考文献

［1］汕尾市红海湾抗日英烈陵园文史馆．长忆合作军［Z］．内部资料，2009.

［2］祖慰．赫赫而无名的人生 [J]. 文汇月刊，1987（6）：2–11.

［3］曾漫路，赖淑英．希望汕头把握机会腾飞崛起［N］．汕头特区晚报，2012–09–30（2）．

［4］上海交通大学党史校史研究室．民主堡垒：战斗在交通大学的中共地下党（1925~1949）［M］．上海：上海交通大学出版社，2007.

［5］杨连新．见证中国核潜艇［M］．北京：海洋出版社，2013.

［6］《大海记忆：新中国 60 年十大海洋人物、十大海洋事件》编委会．大海记忆：新中国 60 年十大海洋人物、十大海洋事件［M］．北京：海洋出版社，2012，

［7］约翰·威尔逊·刘易斯．中国建造核潜艇［M］．曹志荣，译．内部资料，2010.

［8］《回顾与展望》编辑委员会．回顾与展望：新中国的国防科技工业［M］．北京：国防工业出版社，1989.

［9］郗其新，刘景之．新型导弹潜艇［N］．光明日报，1987–07–28.

［10］郗其新．深海霹雳 [J]. 航天，1989（1）：2.

［11］黄彩虹，曹国强．中国核潜艇的诞生［N］．人民日报海外版，1988–08–29.

［12］刘景之．记导弹核潜艇的总设计师黄旭华［J］．军事世界（香港），1989（7）：12–13.

［13］朱乐民．潜艇的成功航行取决于有才干的潜艇设计师［N］．人民日报海外版，1985–12–01.

［14］陈右铭．英明的决策，艰巨的任务［J］．海军装备，1989（4）：14.

［15］水冰．核潜艇的“七朵金花”［J］．舰船知识，2011（4）：30–31.

［16］李忠效．核潜元勋陈右铭［J］．党史天地，2000（1）：32–36.

［17］佚名．我国核潜艇研制始末：美国模拟玩具泄露天机［J］．科学大观园，2009（15）：42–43.

［18］刘炜．从玩具到核潜艇：中国核潜艇总设计师黄旭华的故事［J］．孩子天地，2002（12）：4.

［19］李生云．深海有约：记中国战略核潜艇设计者黄旭华院士［J］．科学课，2004（6）：4–5.

［20］武汉市科学技术协会．江城院士风采［M］．武汉：武汉出版社，2008.

［21］王艳明．誓言无声铸重器：黄旭华传［M］．北京：中国科学技术出版社，2017.

［22］陈右铭，李忠效．中国核潜艇工程备忘录［M］．香港：当代文艺出版社，2019.

［23］周均伦．聂荣臻年谱（下卷）［M］．北京：人民出版社，1999.

后　记

2015年岁末，我主持的中国科协“黄旭华学术成长资料采集工程”项目顺利结题，旋即30万言的拙作《誓言无声铸重器——黄旭华传》（以下简称《誓言》），作为项目成果于2017年杀青付梓，由中国科学技术出版社与上海交通大学出版社联合出版。《誓言》既是黄旭华院士的第一本传记，也是系统爬梳黄旭华院士人生经历及学术成就的首部系统性研究成果。实事求是地说，该书的出版在国内取得了相当不错的反响与好评，书中的史料与观点得到了各种媒体的广泛转载与引用，书籍的销售数量也很可观。之后又有多家出版机构和媒体与我联系，希望能执笔撰写关于黄旭华院士的其他类型出版物，我一概婉拒。因为自认能力有限，很难再用相同的史料“烹饪”出另外一道符合他人定义之风格的作品。

2018年初，湖北科学技术出版社资深编辑罗萍女士经友人引荐来校拜访我，邀请我以黄旭华院士的事迹与史料为题材，撰写一本专门针对青少年同时符合“中国梦”主题教育的普及读物。起初，我依然婉拒，但是罗萍女士锲而不舍，多次联络与来访。“精诚所至，金石为开”，我终于被她坚如磐石的诚意打动。2018年底，我陪同罗萍女士及湖北科技出版社负责人一起拜会了黄旭华院士。在获得黄老的首肯之后，我们达成出版共识，黄老明确表达了对新书的期待。

黄旭华院士是中华人民共和国第一代科学家，是迄今唯

——一位全程参与我国核潜艇研制的高级技术人员及工程的组织者与领导者，被誉为“中国核潜艇之父”。自20世纪50年代末结缘核潜艇事业以来，他隐姓埋名，矢志于我国核潜艇的研制工作，其事迹可歌可泣，其成就可圈可点。

他是研制我国第一代鱼雷核潜艇和弹道导弹核潜艇的创始人之一。他开拓了我国核潜艇的研制领域，主持过我国第一代鱼雷核潜艇和弹道导弹核潜艇从方案论证、研究设计、施工建造，到试验、航行各阶段的技术工作，他成功地组织技术人员研究提出全艇主要配套设备项目，参与制定艇与动力、武备协调的总体方案，主持多项重大技术攻关项目的研究，决策采用水下高速航行的水滴型艇体和用围壳舵与艉水平舵相结合的操舵方式，牵头组织技术人员推导出弹舱大直径双排大开孔等耐压艇体结构设计计算方法，协调处理艇上各系统之间和系统与总体之间的协调匹配关系，以及参与指挥水下发射运载火箭和深水试验等大型试验，为我国继美、苏、英、法之后，成为第五个自行研制出核潜艇的国家做出重大的贡献。他用青春谱写出庄严而神圣的核潜艇精神，成为了共和国的脊梁与功勋人物。

《誓言》是一本系统研究与完整记述黄旭华院士生平与学术贡献的学术性、史料性著作。湖北科学技术出版社《为祖国深潜——“共和国勋章”获得者黄旭华》（以下简称《为祖国深潜》），虽然篇幅比《誓言》短很多，但写作难度反而更高。如何选材、怎样提炼，才能更好地诠释这本主题出版物的主旨呢？我时常踌躇难决、苦思无果，以至于多次奋

笔疾书之后，又无比痛楚与无奈地敲下“Delete”键。艰辛的创作，的确印证了我最初对自己力有不逮的预估，证明所有的婉拒委实算不得矫情。

回顾《为祖国深潜》的写作过程，笔者由衷地感谢罗萍女士以及她的编辑团队。写作中的每一次纠结，都得到了他们的暖心宽慰。书稿初审完反馈给我，看到那页面上留下星罗棋布的圈点勾画，我顿时如芒在背、汗颜羞愧，仿佛被拉回了中学的语文课堂，直面老师批注下不合格的随笔。这本书的创作过程，于我而言，意义已不在于拙作的质量高低，而在于花甲之年再一次回忆那生动的语文课堂。

然而，当书稿大功告成后，我和罗萍女士却遇到了意想不到的麻烦。在书稿进入重大选题备案审批流程之时，正是新冠病毒肆虐全国之际。虽然罗萍女士多方奔走、竭力呼号，但始终无法克服难以言说的重重困难，致使本书延宕搁置五年之久。

就在余笃定出版计划已胎死腹中，并且内疚无法直面黄老垂询的眼神时，事情终于迎来了转机。2023 年临近岁末，罗萍女士激动地通过电话告诉老朽，该书终于获准出版。这个消息着实让我小小地惊喜了一把，同时为罗萍女士的敬业精神而点赞。

不过，由于书稿延宕五年没有出版，再按照当初的设想与初衷出版该书显然不合时宜。五年的时间弹指一挥间，我们经历过诸如新冠病毒的伤害与心理调适，在此期间，有新的史料被披露，黄旭华院士也获得了新的荣誉及奖励，更有他行的善举需要让公众知晓。故此，我与罗萍女士不约而同地认为必须大刀阔斧地对原书稿进行修订完善。在坚持通俗性与学术性并重、文字与图片并茂的原则上，增加黄院士的影像资料。我们认真学习中宣部出版局及中央军委政治工作部宣传局专家对书稿提出的修改意见，纠正有谬误的材料，补充新发现的信息，同时吸收一些最新的、有关黄旭华学术成就与科学精神乃至第一代核潜艇研制的新观点，力求所有史料及图片更新至2024年初春。

现在回过头来看，本书的起死回生倒是应了老子在《道德经》中所言“福之祸兮所倚，祸之福兮所伏，祸福相依”。由于五年的延宕，本书反而成了当下关于黄旭华院士的史料最齐全、资料最新颖、评价最权威的传记性著作，还是全国首部关于黄老的融媒体报告文学作品。

在罗萍女士“无情”的敦促之下，鄙人只得在甲辰龙年春节期间做一个勤奋的键盘侠，爬梳资料、搜罗图片、完善文本，终于在出版社规定的时间内完成了20万字的书稿文本，找到200余幅珍贵的历史图片，自认大致满足了与罗女士的严苛约定。

在该书即将面世之际，鄙人除了感谢湖北科学技术出版社的几任社长及罗萍女士之外，必须再一次由衷地感谢黄旭华院士。虽然他老人家已荣誉等身，可他依旧那么谦逊和蔼、体恤后辈；虽然已近百岁之年，可他还是初心不改、孜孜以求；虽然身体欠佳，可他依然牵挂着该书的写作与出版，并时刻给予我最贴心且无比温暖的勉励与帮助。

在该书的撰写过程中，黄旭华院士的助理刘军青女士、719所张金麟院士助理叶水生教授及黄旭华院士的家属都给予过诸多的支持，提出了许多合理化建议，鄙人在此一并向他们致以诚挚的谢忱。

对本书的合作者、我的硕士研究生温大壮同学，我也要说声“谢谢”，书中的许多图片都是他辛勤搜寻并处理，他还对书稿多次认真校正，感谢他为此书的出版所付出的努力。此外，我的另外两名研究生彭文、何雨桐也对该书的图片处理工作给予了诸多帮助，在此也向他们表示感谢。

最后，期冀拙作能符合读者诸君开阔视界的预期，并渴望得到你们宝贵且中肯的教益。

王艳明

农历甲辰年春于湖北大学逸夫人文楼